为什么要出版《壹百度》

企业如人，只有不断学习和总结才能持续成长。总结过去的成败得失，认真归纳其中的深刻规律是最有效的学习，也能最有效的指导未来成长。在百度十年之际，我们有意识地作了一个回顾梳理，走访众多百度各层员工，经过很多人的总结沉淀，将百度的文化和李彦宏的管理哲学提炼出了29条法则，印成内部读本，以便于在百度员工迅速增长的过程中，让文化更好地传承、更有效的指导管理、进而帮助公司在未来继续健康高速成长！

这本书里讲述的29条格言都是百度创始人、董事长兼CEO李彦宏十年来用于指导百度战略、用人、管理、运营的核心理念。书中的每个故事都是在百度公司里真实发生的小事，它们践行了李彦宏的管理理念，生动地体现了百度的文化，也可以说是在百度生存的“29条军规”，更是引导百度成长成功的29条法则！

这本内部小册子推出的消息却不胫而走，一些颇具慧眼的出版商从中看到了更为普适的价值，争相要求公开出版。经过研究，并努力征得了百度董事长兼CEO李彦宏同意后，百度内部沟通委员会决定在百度十年庆典即将来临之际出版此书，与社会分享自己的成功经验，将这些引导着我们走过3600多个日夜，从7

个人到7000人，从投资1000万元的中关村小公司成长为今天市值1000亿元的全球最大中文搜索引擎的理念与法则公之于众，与大家共同探讨。

这本书的名字是《壹百度》，100℃，是沸腾的温度，它只想告诉你，在从99℃的水升温质变到100℃的蒸汽之间，百度坚持了什么；告诉你，人生成功和企业能否基业长青，都离不开专注如一、离不开把事情做到极致的执著；告诉你，人一定要选择自己喜欢并擅长的事情；告诉你：认准了、就去做；不跟风、不动摇！

（百度市场及商务拓展副总裁 任旭阳）

Contents

目录

Part 1
立业

无论是企业或个人，都应该专注于自己的领域，并坚持到底。因为人的精力是有限的，企业可利用的资源也是有限的，唯有专注如一，将所有的力量施于一点，才能超越别人，取得持久而非凡的成就。

Part 2 守正

我们的每一步都应该是在解决问题的过程中前进。当一个新的idea产生的时候，请先问一下自己，做这件事我能解决什么问题？然后，又会出现什么问题，如何解决？如果一个创意不能解决任何现实存在的问题，它就没有实现的价值。

Part 3 出奇

伟大的创新有时就存在于某些看起来不成熟的想法里，所以要鼓励员工的每一次创新，舍得给他们机会去试错。有时候明知风险很大，仍然可以让他们去做。可以小规模地尝试，如果结果不好，退回来就是了，但试错中得到的宝贵经验却可以让团队大步成长。

Part 4
协同

一个高效的组织，应该讲究协同作战，作为组织中的一员，在做项目的时候，应该想到，你拥有的不仅仅是自己部门的资源，身边很多其他部门的资源都可以为你所用；而在你的日常工作中，也应该随时想到，自己的工作是否可以为身边的其他同事或团队提供帮助。当组织中的每一个成员都这样做的时候，这个组织的整体效率就会是最高的。

Part 5
驭人

勿以善小而不为，公司里任何一处小的不完美，都是你可以动手去改善的地方，而对公司而言，如果员工都愿意把公司的每件小事当成自己不可推御的责任，那么这家公司就没有理由不成功。

Part 6

察势

决策是一个先民主后集中的过程——理越辩越明，一定要听取最广泛的意见，包括公司内外的一切专家与相关人士，然后与做这件事的核心人员商量，但最终的决定只能自己来做。是所谓谁负责，谁做主。

编者序

因为是世界的工厂，几十年来，中国人在劳动密集型的制造业人才管理上已经有了相当成熟的经验。但在技术密集型公司的管理上，并没有最大限度释放与激发员工创造力的成功先例，大多数仍然是靠严密的制度和准军事化管理取胜，而这些方法必然会从某种程度上抑制甚至扼杀创新力，最终的结果便体现为中国公司创新力的匮乏。

于是，越来越多的人开始反思，创新力不足的根源，究竟是中国的人才，还是中国企业的管理模式？后者，也许正是各新兴领域中国人组成的公司很难赶超世界一流水平的原因。

然而，中国也有一间技术型的公司，他们的文化非常与众不同。

这就是百度。

每一位下属的专技要强于上司，给员工最自由的空间，不唯上，放手让他们去试错，一切以用户需求为导向……你可以看到，在文化上，百度内的平等、求实作风是如此强烈，颠覆了传统意义上的公司治理理念。

百度到底为什么能成功？

这是一个很多人都想一探究竟的问题。

答案只能在百度十年从7个人到7000人的发展历程中去寻找。翻开百度的每一天，每一个历史事件，我们发现，百度自己的文化基因早已给出了最好的答案。

循着百度发展的历程，在一个个诱惑丛生的关键路口，在一条条惊险超车的高速轨道上，我们发现，正是百度创始人李彦宏所坚信和坚守的一些信条，不断校正着百度罗盘，让它保持在正确的航道上，快速而稳健地前行。

百度给人的自由很大，所以从来没有一本规矩森严的员工守则。那么，用什么来指导人们的做事方法，告诉百度的员工和经理人正确与错误的评判标准呢？2009年，即将庆祝百度十周年的时候，百度公司的内部沟通部将李彦宏经常强调，并被百度实践反复验证的经典格言从百度发展的历史中一一采撷，追根溯源，回放李彦宏提出它们的背景故事；解读其中的管理哲学；发掘百度员工的践行案例，编撰了一本向新老员工传承百度文化的小册子。

这个消息传到外界，几家看了初本的出版社都如获至宝，然而李彦宏却并不太愿意将之公开出版，因为里面都是他最朴实的话，是讲给百度员工，让大家理解体会公司文化并潜移默化转变为自身行为的指南，因为希望员工都能看得懂，所以是原汁原味没有任何包装的，“太简陋，不足为外人道”。

当我们看到最初的底稿，立即做出了恰恰相反的判断——越朴实越真实，真实的东西才最有价值。而我们觉得这些话，无论是修身还是治理自己的企业，无不是可法可行的金玉良言。

于是，我们劝说百度公司，将之公开出版，而李彦宏最终也同意将百度成功的秘诀全部公开，作为百度十周年奉献给中国社会的另一笔财富。

百度内部的编辑在编撰这个册子的过程中，曾多次采访李彦宏本人，并得到他的亲自指导。可以说，这些浓缩了百度人灵魂的故事，是百度十年来最宝贵的财富，被百度视为基业长青的不二法门。

作为一个职场新人，读这些故事，你将了解百度的核心员工是怎样炼成的，从而为自己找到一条更清晰的职业发展之路。

作为一个职业经理人，这些故事将帮助你如何在现代企业中稳步成长，并最终成为企业离不开舍不得的骨干柱石。

作为一个企业管理者，相信这些故事能帮你解构百度与李彦宏的成功密码，在知识经济崛起的今天，了解怎样去营造一种纯粹的文化氛围，让自己的团队和企业规避内耗团结一心，在残酷的市场竞争中立于不败之地。

Part 1

立业

人一定要做自己喜欢并擅长的事情

认准了，就去做；不跟风，不动摇

专注如一

把事情做到极致

01 人一定要做自己**喜欢并擅长**的事情

内心的喜好是推动事业进步的最大动力，它能帮你克服困难，坚持到底；如果你喜欢的事情有很多，要挑选自己最擅长做的事，这样就能在感受快乐的同时取得超乎常人的成就。

第一，做自己喜欢做的事情。因为如果你做的事情自己不喜欢，碰到困难很有可能就退了；第二，做自己擅长做的事情。

2006年，《鲁豫有约》节目采访中，Robin（在百度内部李彦宏的“昵称”）第一次在公开场合谈起了自己的“成功秘诀”。

二十年来，Robin一直在用自己的行动实践着这句话：人一定要做自己喜欢并擅长的事情，从未离开自己喜欢的行业半步。

百度2005年上市后，就不断有人来劝Robin“百度有钱了，应该涉足网络游戏，多个赚钱的业务……那时网游已经在中国非常热，国内的互联网企业纷纷投向网游运营商的行列。然而Robin的回答始终是No，理由很简单，这不是百度所擅长的。

2007年，中国一家门户网站自主研发的在线游戏收入达到上千万美元，在纳斯达克一石激起千层浪，一条清晰的坐拥用户群就可以赚到丰厚回报的盈利模式出现在大家眼前，这个行业更热了，业界的大公司纷纷把网游定为战略级产品部署重兵。

这天， 有人拿着一组数据翔实的调研报告来找Robin："从百度社区的用户来看，其中很多人都是网络游戏的玩家，他们每天花在网络游戏上的时间比搜索和社区都长，既然用户有这方面的需求，我们是不是可以着手尝试涉足网游，让他们在百度平台上得到满足？"

Robin仔细地看完数据，平静地反问："数据确实证明了需求。但是我们做网游的优势又在哪里？"

"我们有这些用户啊。其他这些网站也都谈不上什么优势，只要有用户、有需求，就可以运营起来了。"

Robin缓慢地摇了摇头，坦白地说："刚回国的时候我就已经看到了中国网民对网络游戏的热情高于其他任何国家的特殊形势。但我自己从来不玩网游，很长时间都搞不懂网游，我想，对于这种自己都不喜欢，更不擅长的事，即使商业机会摆在那儿，我也肯定做不过真正喜欢它的人。所以我选择了搜索。今天你让我选，我还是会这样选。”

“这个行业的利润比我们做搜索高多了！我们有这么充足的用户需求，不做，太可惜了。”

Robin想了想说：“那么，我们可以尝试通过合作的方式，为网游厂商提供一个推广平台，让真正喜欢的人来做他们擅长的事，我们只在里边起到间接作用吧。”

于是，作为推广方式的第一步，百度游戏频道诞生了，业界很多人分析百度要进入网游领域分羹了，分析师们也总是不停地探问，百度什么时候开始进入网游行业？而Robin从不为之所动，他的回答是明确的：“暂时没有这个打算。”

出于同样的原因，在2003、2004年好多人劝百度投入SP（移动互联网服务内容应用服务的直接提供者）业务“捞钱”时，Robin都以“这不是百度擅长的事”为由拒绝了。正是这样的取舍，使百度能够专注于自己喜欢且擅长的搜索领域，才取得了今天的市场领先地位。

■ 有没有头衔无所谓

百度首席产品架构师孙云丰经常说，“我们招PM（产品经理）时，经常会招来一些背景很诡异但是极度热爱搜索的人”。

什么叫诡异？举个他自己的例子大家就明白了。

2003年的孙云丰，还是苏州一个普通的推销员，他已经卖了3年的包装材料，业绩还不错，这是他的“生计”。业余时间，他则是以搜索狂热分子的形象活跃在互联网论坛上。从2000年起，孙云丰就对搜索引擎着了迷，还曾在搜索论坛上发表自己写的《搜索从入门到精通》连载，引来各路高手赞叹。他到处宣扬自己的判断——“搜索引擎将让人类生活产生革命性变化”。不过，这也仅仅是他的爱好而已。

2003年年底的一天，他接到了来自千里之外的百度的邀请：有没有兴趣来百度做个PM?

没有系统学习过搜索技术、也不太确切了解PM是干什么的孙云丰，就冲着“搜索”两个字便兴冲冲来到百度面试。

可他对搜索技术实在了解不多，面试结果很不理想。

转身打道回府，孙云丰对俞军（时任百度产品市场总监）说：“那就算了吧，我继续做我的推销员吧。”

回到苏州，孙云丰的心绪却无法恢复平静，他意识到，这次面试，已经将他带到了搜索引擎世界的门口，也让他第一次认真地检视内心真正的追求——他发现自己对搜索引擎原来有着如此无法割舍的喜爱，他不甘心，觉得自己能做好也很愿意做好百度PM这份事儿。

想了几天之后，孙云丰给俞军打来电话："我真的很想来百度做搜索，而且我相信我能干好。不用给我头衔了，工资不比我现在少就行，让我先干一两个月怎么样？"

百度给了孙云丰机会。孙云丰也用事实证明了自己确有其长。来百度第一个月，他就以自己对搜索引擎各项关键指标的理解，为百度建立了搜索引擎评估体系，这成为了后来百度网页搜索发展的一块关键基石。

发自内心的喜欢使孙云丰将全部的精力都注入到对搜索引擎的学习和钻研之中，每天十几个小时与搜索引擎的产品和用户习惯打交道，不到一年，孙云丰就补上了业务上的功课，加之实践经验的积累，很快成为了国内搜索引擎PM领域的顶尖高手。

百度的PM很多都来自"江湖"，他们的背景天差地别，但都有一个共同的特征，就是对互联网很爱很熟，一定是个网虫。喜欢和擅长，是百度人能把搜索引擎做到极致的本源。

希腊圣城德尔斐神殿上镌刻着这样一句名言："认识你自己。"个人择业时如果不清楚究竟什么是自己喜欢和擅长的，很可能会入错了行。企业用人时不注意这两点，就会给公司埋下风险。对企业所从事的事业喜欢但不擅长的员工，可能需要企业付出高昂的培训成本。但更糟糕的是擅长但不喜欢所做事业的人，他们很有可能变成问题员工——因为他们要么会心不在焉地以低标准衡量工作，要么会把公司视为个人增加职场筹码的平台，甚至毫无征兆地转行，从骨干岗位上消失。End

认准了，就去做

02 不跟风，不动摇

“认准了，就去做”，讲的是判断力和行动力——要正确地判断形势与机会，一旦看准了，就要付诸行动，患得患失只能坐失良机；“不跟风，不动摇”，讲的是远见与定力——能看到机会的人很多，但能坚持到底，不为眼前利益所动，不因一时困难变节的人却很少，所以多数人的成功都是昙花一现的。

2009年7月，Robin以创业导师的身份做客央视《青年创业中国强》活动，在现场，主持人希望他为中国所有的青年创业者写下一句寄语，分享百度成功创业的秘诀。Robin欣然提笔，写下十二个字：“认准了，就去做；不跟风，不动摇”。

这十二个字，是他来自于实践的真知。

2001年的一个互联网会议上，曾被誉为中国“第一代织网人”的某网络公司总经理碰巧和Robin坐在一起，寒暄间，她问Robin：“你们公司是做什么的？”

Robin回答：“我们在做互联网搜索引擎。”

对方道：“搜索引擎没什么前途吧，现在很多公司，像新浪、搜狐、慧聪，还有Openfind 、Altavista都在做搜索啊。”

Robin笑了笑没有争辩，只是很礼貌地说：“我看好搜索引擎，我们能把搜索做到最好。”

2002年春天，一位投资人兴冲冲地闯进Robin的办公室，兴奋地说：“我投钱给你们做无线增值业务吧，我们一定能大赚一笔。”

那时，无线增值业务非常火爆，在国内的大型互联网公司里，只有百度还没有涉足。但Robin冷静地拒绝了，他说：“搜索要做的事情还很多，我们应该专注于互联网搜索领域，我看好它未来的增长。”

事情传开后，很多人觉得Robin傻，不懂捞快钱。

然而几年后，当中国互联网用户迅猛地超过3亿时，百度已经成为行业的领军企业，业务蒸蒸日上。而许多当年做无线的“大佬”却无声无息了。

现在回头看去，那位投资人不禁感慨：“如果当时百度跟风去做无线增值业务，肯定不会有今天的成就。”

■ 不听劝的儿子

“Dan，你看你读了那么多年书，工作才多久啊，你就不能抽时间把论文写一写，圆满地拿到博士学位吗?！”说这话的是Dan的妈妈，她很焦虑，因为儿子刚刚告诉她，他想专心在百度工作而终止博士学业了，而她，一心盼希望儿子能拿到博士学位。

“妈，对我来说，在百度的工作比读博更重要。博士学位虽然很重要，也很漂亮，但我更喜欢我在百度做的事情。”Dan很孝顺，但这件事他自己做了决定。

此时的Dan已经在百度工作三年多了，2000年时，还在读博二的他便来到初创的百度实习。

不“触网”的妈妈无法理解儿子的选择，怨道：“那么多年来你所有的目标都实现了，你也立志要拿到博士学位，将来还要出国，你现在放弃了，多可惜呀？”

“妈妈，我在做的是互联网搜索引擎，这在全中国都是从来没有人做过的东西，如果我们能把它做好的话，就会有上亿人因我而受益。你不觉得这是特别有意义的一件事情吗？我认准百度了，请您相信我吧，我每天的工作都很有意义，我想一直做下去。”Dan用恳切而坚定的语气说。

就这样，Dan在百度一干就是十年，从一名写代码的实习生工程师，一步步成长为负责十几条产品线、管理数百人的高级技术总监，他的母亲也越来越多地知道了百度，理解了儿子说的“百度的意义”，现在她已经是不折不扣的百度忠实用户了，并为儿子在百度工作而自豪。

十年来，每年、甚至每个月，Dan都会接到很多猎头的电话，许以丰薪高位，大多是做CTO、副总裁或联合创始人等，这样的电话接得多了，他也懒得再和对方讲自己为什么不会离开百度了，一听对方是猎头公司，便笑笑说：“谢谢你，我最近不想换工作。”十年里，不断有同事好友自行创业或跳槽到新兴的互联网公司，动之以战友情，晓之以人生理，劝Dan也来挑战一下别的行业，他也都一一回绝了。

现在，Dan还是经常在百度工作到深夜。一位朋友实在不理解，忍不住问道，“有这么多的机会，你为什么都不考虑一下？”

Dan很认真地反问：“搜索新产品技术还可以做得更好，我为什么要停下来呢？”他眼睛里的光芒，和2003年时一样热切。

“认准了，就去做；不跟风，不动摇”，这12个字对今天的中国——无论是个人立业还是企业确定和执行战略——意义尤其重大。中国正处于人均GDP从3000美元迈向4000美元的社会快速转型阶段，机会、诱惑以及突如其来的打击和坎坷总会不断出现。跟风的冲动往往让大多数人难以抗拒；但比抗拒诱惑更难的是遇到困难甚至险象环生时，仍然岿然不动。中国每年有100多万家企业倒闭，大型企业集团的平均寿命不到八年，中小企业的平均寿命不到四年，症结往往是“跟风”和“动摇”。End

03

专注如一

无论是企业或个人，都应该专注于自己的领域，并坚持到底。因为人的精力是有限的，企业可利用的资源也是有限的，唯有专注如一，将所有的力量施于一点，才能超越别人，取得持久而非凡的成就。

百度上市后创造了一批百万富翁——这里面不仅包括百度的员工，甚至还包括一位70多岁的美国老太太。这位老太太在百度70多美元一股的时候，用自己的退休金买了几千股百度的股票，到现在每股涨到三四百美元还不愿意抛。

这位老太太很少上网，对搜索引擎也不了解，但她为什么这么看好百度，将自己的退休金全用来买百度股票？有人问她，她笑咪咪地解释道，一次她在报纸上看到了一篇关于来自中国的百度和创始人李彦宏的报道，说李彦宏从大学开始就学信息管理专业、毕业后一直从事跟搜索相关的工作直至创业，到现在已经二十多年。“这样的人不可能不成功，钱投到这样的公司没有风险。”老太太说。

互联网是新生的、非常有活力的行业。早年间对年轻的搜索引擎而言，曾有着非常多的诱惑，可能诱使百度偏离执著追求做最好的搜索引擎目标的航线。2002年左右兴起的互联网无线增值业务、2005年的网络游戏，都是进入就能立即赚到快钱的“网络金矿”，但每每有人跟Robin建议进入这些新兴业务的时候，Robin总是说：“搜索引擎的潜力很大，搜索引擎领域的竞争也很激烈，我们专心把搜索引擎做好就是一个非常不容易实现的目标，为什么要分心做别的事情呢？”

2005年8月，正是由于长久以来的专注如一，百度以中国最大中文搜索引擎的身份在美国纳斯达克成功上市，并开创了美国股市海外股票发行首日股价上涨新的记录。Robin回到北京，公司召开了盛大的庆功宴。

宴会上，又有人老话重提，问Robin：“百度上市了，我们有钱了，现在应该能做更多的事情了吧？”Robin笑了笑，说：“有1块钱的时候，我会投进搜索里；有100万，我会投进搜索里；有了1个亿，我还是会全部投进搜索里去。”

百度上市后，现在市值已经达到100亿美元，仍旧把几乎所有的资源都投入到互联网搜索领域。今天，百度一直贯彻的721

发展战略，从执行方面对Robin的“专注如一”进行了具体诠释，即公司将70%的资源投入跟搜索直接相关的产品和技术研发中，将20%的资源投入跟搜索间接相关的产品和技术中，10%的资源投入其他创新项目研究中。

■ Hao123 五年如一日的坚守

Hao123，中国互联网的奇迹，它几乎是每个网民遨游互联网海洋的起步港口。奇迹背后，是一份数年如一日的专注。

“陈林，百度收购了hao123以后，希望把它打造成一个更好的网址站产品，你已经有了一年多做网址站的经验，hao123就由你先担任产品经理吧。”2004年10月的一天，leader对陈林这么说。陈林说：“好。”

Hao123的工作在大家眼里是比较枯燥且没有太多技术含量的。一般人都会认为这是一个阶段性的工作，但是谁都没想到，从那一天起陈林就把根扎在了hao123，在这么一个不大的产品线上，到今天已经干了5年多。

刚收购来的hao123已经在全国有了百万级别的用户，网页结构已相对确定，有关系好的同事问陈林：

"搜索将来肯定会取代网址站，往上的发展空间已经非常有限了，你还能做什么呢？"

但是陈林不这么想。已经研究过一年多网址站的他，对网址站有种特殊的感情。他对这位好心的同事说："中国互联网发展存在地区间的差异，就是我这样一个不懂技术、甚至连网页也不会制作的人，还是可以通过不断地琢磨用户体验，让网址站这类看上去简单得不能再简单的产品，帮助更多人更快速地找到信息。"

于是，陈林每天重复着相似的工作——调研用户的需求、寻找好的网站、评估网站价值。在陈林的努力下，hao123的流量一直稳步增长，大家预期中的天花板被他的努力不断顶高。

在百度的平台上，做出业绩证明了自己的人，leader一般都会给他新的更大的平台去历练提升，陈林的leader也不例外，他曾经找到陈林，问他是否愿意尝试一些其他从无到有的产品，但是陈林考虑再三还是婉言拒绝了。他说："谢谢你给我机会，但我想我之所以能把网址站做成功，是因为这么多年来一直在研究它，已经和它融为一体了；我相信hao123的用户体验还能做得更好，所以我还希望继续专注在这块儿来做。一条道走到底，才更接近成功。"

五年弹指一挥间，hao123的页面结构看上去好像没什么变化，但是实质上，每一个细节都在跟用户需求与时俱进。用户数量已经是2004年时的10倍，在国内同领域无人比肩。

这么热门的站点，当然是站长们的必争之地，而面对来自外部的诱惑与公司内同事们的人情，陈林从不动摇，永远是一个铁面包公——一切以公司利益与既定原则为依据，其他都免谈。

每次回老家都会让陈林觉得很自豪——家乡那些网吧里，所有电脑的首页都是hao123。

当一个人确定理想，或者一家公司找准方向后，我们需要不断用“专注如一”这再朴素不过的四个字提醒自己。人们终其一生往往只能做好一件大事，一家公司也是如此。所以，不如像《孙子兵法》所说：我专为一，敌分为十，是以十攻其一也。现实中，很多中国公司往往是在房地产市场上行时去做房地产，在股市牛市时用流动资金炒股，在资源紧俏时杀入上游产业链，最终是做了一单又一单的生意，却始终没有做成企业。从20世纪60年代到80年代，美国缩减业务范围的企业从1%增长到20%，而选择多元化经营的企业则从25%降低到了8%。百度今天市场地位的领先，就是源自对搜索引擎始终如一的专注。End

把事情
做到极致 04

一家公司想要成为市场上的领导者，首先要有领导者的心态，那就是要坚信你做这件事能比所有人都做得好很多。在这种心态下，把每件事情都做到极致，你就能最终成为领导者。

当有部门在汇报项目进展时说“我们这个产品比上一个版本好了多少多少……”的时候，Robin总是要问一句，“你这个产品做的是不是比市场上所有的竞争产品都要好，而且明显的好？”Robin的言下之意，就是你有没有把事情做到极致。

“闪电计划”是百度将事情做到极致的一个典范。2001年底的中国互联网正经历泡沫破灭的阵痛。当时还只是搜索引擎服务提供商的百度也面临客户拖延付款的财务困境。Robin思考良久，2002年春节的鞭炮声未停，他便亲自挂帅，发动“闪电计划”，他以一如既往的平静口吻告诉工程师们，“我们这个小组要在短时间里全面提升技术指标，特别是在一些中文搜索的关键指标上要超越市场第一位的竞争对手。”

那时，百度与市场第一名的规模相差几十倍，而当时百度产品技术团队只有15个人，要做出对手800个人做出的产品，这样的超越谈何容易？工程师们唯有日夜无休地开发程序闭关苦修。

在最困难的时刻，Robin为大伙打气，“我们必须做出最好的中文搜索引擎，才能活下去，而且活得比谁都好。你们现在很恨我，但将来你们一定会爱我。”

正是这次只有15个人参与的闪电行动，用了9个月时间，抢占了用户体验的至高点，一举奠定百度在中文搜索领域的龙头地位，从此，百度的市场占有率节节攀升，路越走越宽。

2009年的百度，已经拥有7000员工，占据76%的市场份额。在一次战略沟通会上，Robin通过网上直播再次向全体百度人重申：“我们做事必须有领导者的心态，要best of the best，把每件事做到极致，做得比别人都更好——不是好一点儿，而是好很多。”

在他的心里，这个极致是永无止境的。

■ “没有最好的视频搜索”

百度“视频搜索”自上线以来，便一路高歌，仅用了一年的时间，便成为在国内遥遥领先的“视频搜索”。在又一次技术升级后，NS团队成员小邱心想，终于可以“告一段落”了。不料，团队leader却再一次发问：“视频搜索的死链率能不能更低一些？”

“已经是国内第一了，”小邱觉得不可思议，“哪儿来的提升空间呢？”

“Best of the best，一定还有空间。”leader肯定地鼓励他，“再做一次调研看看吧。”

没两天，调研结果出来了：死链率还有较大的下降空间。新一轮技术升级又开始了。经过这一次升级，视频搜索的性能比之前又提升了整整一倍！小邱再也不会问“哪儿来的提升空间”这样愚蠢的问题了。

这已经是一年前的事了，这一年多来，“视频搜索”是不是就高枕无忧了？No！一年来，它的技术升级从没停止过。

我们经常听到这样的话：“这件事情我已经尽力了。”尽力的员工自然是好员工，但是这句话是否也意味着无法做得更好了呢？如果能让员工保持把事情做到极致的心态，在他们的眼里就永远没有极致，人们会自然而然地从多个角度，想尽各种方法，努力把一件事做到更好。如果公司已经设立了一个自己喜欢而且能发挥所长的发展方向，并足够专一，我们就会发现，事情总是能做得更好。在前述情况下，不是以一时一地的成败来衡量得失，而是把最终的目标作为今天行动的出发点。这样，我们就知道今天的“成功”或许还远远不够。以终为始，甚至直到穷尽我们的心智。如果每个员工在每件事情上都有这样的心态，这个企业一定会比竞争对手好出许多。End

Part 2

守正

05

少许诺 多兑现

在对别人做出承诺的时候，一定要求实，讲真话，做得到再说。如果在承诺与交付的结合处画一条水平线的话，那么我们对别人做出的承诺应该低于这道线，而交付给人的结果则要高出这道线。因为做到的，永远比豪言壮语更有力量。

1999年冬，深夜，北大资源宾馆，Robin正带着几个工程师赶项目。手机骤然响起，一位美国投资人打来电话。寒暄几句后，对方突然问："Robin，这个项目要多久可以完成？"

"六个月。"Robin回答。

对方停顿了一会儿，似乎对这个回答不是很满意，接着又问："四个月行吗？如果可以，我们给你追加50%的投资。"

刚创业，公司需要很多资金来购买设备、找到最优秀的人才，有了更多的投资，能多做很多事，但Robin拒绝了：“对不起，我们做不了。”

他的理由是，推出一个有把握的产品，时间是六个月，减少两个月，不是没有可能做出来，但质量会打折，他不能冒险。

对方是长时间的沉默，突然，一阵开怀大笑，对Robin说：“对您诚实的拒绝，我感到非常满意，因为这反映出您是一个很真实和稳重的人，把钱投给您这样的人，我们很放心。”

事实证明了这位投资人的判断——由于诚实守信质量可靠，百度在短短三年之内，从一个小网络公司成长为全球最大的中文搜索引擎公司。随着百度的上市和迅猛发展，短短几年，这位投资人的投资获得了上千倍的回报，创下了全球私募基金在亚洲有史以来投资回报的最高纪录。

《史记·季布栾布列传》云：“得黄金百斤，不如得季布一诺。”现在，Robin给出了最新注脚。

■ “凡答应，必做到”

小杨是百度商业应用产品市场部一个刚入职不久的PM，他所负责的工作与老百度人小王接口。他注意到，小王发出的每封邮件的最后，总会附着这样一句签名：“凡答应，必做到。”他觉得这句话真棒，不由得也对小王肃然起敬，决心将“凡答应，必做到”作为自己的座右铭去努力实现。

可是慢慢的，小杨开始感到力不从心起来。PM是一个联系各部门、每天要与许多人产生内部供需关系的枢纽，随着工作的逐渐深入，他感到自己越来越累，为了兑现所有承诺，耗尽了全部精力，最后弄得什么事情都做不完美，整天疲于奔命还处处难以让人满意。

这天，小杨逮到一个机会向小王请教：“您是怎么做到的啊？”

小王听小杨诉说完他的苦恼就笑了：“‘凡答应，必做到’这句话是提醒我自己和每个看到的人，要对自己答应的事情负责，所以不要轻易承诺别人。你的问题正是出在‘凡’字上面了，‘凡’并不是要对所有事情都一味地答应、承诺，而只对你认为必须做到，自己也有能力做到的事才答应。”说到这里，小王突然想起什么，话锋一转，“对了，我这句话来自Robin说过的一句‘少许诺，多兑现’，这下你明白了吧？如果在一个时间段里承诺完成多项工作，或是超出个人的能力去随意承诺，你就算有三头六臂也完不成啊。所以说，要分三步走——先做判断，再谨慎承诺，最后才是全力完成。”

小杨恍然大悟。此后，在工作中每遇到一件事，都去仔细思考，培养自己的判断力，分清工作的轻重缓急，抓住重点，合理排期，既勇于做出承诺，也懂得如何说不。不到半年，工作走上了正轨，每件承诺下来的事都非常出色地按时交付，不仅自己的工作业绩明显，也得到了所有合作部门同事肯定的评价。

现在，一提到PM的小杨，大家都说："这是个很靠谱的同学。"

"少许诺，多兑现"，几乎是个人修为中最为重要的基础。个人想成就事业，抑或公司想赢得尊敬，都要靠这一立身之本。据说，企业领导人最怕的是先拍脑袋，冲动之间做出决定；再拍胸脯，夸下海口给出承诺；最后发生了问题，就只有拍大腿的份了。"少许诺，多兑现"，会帮助我们成为一名可靠的员工，以及值得信赖的管理者和合作伙伴。End

06 让数据说话

尊重数据就是尊重客观事实，数据有时也许片面，但它却诚实而不带情绪，因此可以排除一切人为的偏好因素，也因此让我们更接近真相。所以，请记住以下三条：第一，为一个伟大创意欢呼之前，请先用数据证明其可行性和对用户的价值所在；第二，一切工作的考核，都应以量化数据为标准；第三，数据面前，人人平等。

“我觉得这些数据很好地表达了用户对hao123的真实态度。看来，我们以前的做法都太想当然了。”在2008年初一次例行的产品委员会的讨论上，Robin严肃地向大家提了这个他观察了很久的“课题”。

2004年百度收购hao123这一网址站时，看中的是它是中国很多初级网民的上网入口，具有百万级的流量和巨大的名气，但是大家也认为技术含量不高的网址站只是一个阶段性产品。

于是收购完成后，在hao123首页显眼位置放置了百度搜索框，希望能够让hao123给百度带来流量，将更多用户从hao123转移到百度平台上来。

但是，两年多过去，Robin每次看百度月度流量报告时都发现一件奇怪的事情：从hao123带来的百度的流量虽然很多且增长迅速，但hao123自身的流量也在节节攀升，两年来增长了近10倍，而且，每天都有好几万人在百度上搜索“hao123”。开始的时候也许是习惯，但两年里这种现象没有减少，这让Robin开始重新认真思考起这个问题——是不是也该推一下hao123，而不是强行将hao123的流量引到百度上来。

他让负责hao123产品的陈林进行一次深入用户的调研。通过一系列前期数据分析工作，这天，陈林拿出了一个令人吃惊的调研结果——“在中国，设hao123为首页的人，要多于设百度为首页的人！”数字面前，Robin一下子意识到，在中国这个地区发展极不平衡的市场上，初级网民数还在快速增长，网址站还有很强的生命力。

于是就有了开头那一幕。“你们看，数据不断在告诉我们，很多人就是喜欢上hao123！”Robin很肯定地说道，“所以，我们应该换一种思路，顺应民意，让百度给hao123带去流量！”此时，大家才恍然大悟，这听起来像是倒退的路子，才是最合理的逻辑啊。

2008年6月，hao123出现在了百度首页。上线一个月，大家迫不及待地看结果——在同处百度首页链接位的8个产品里，hao123的点击量迅速蹿升到了三甲之列，这说明网友的需求被大大地满足了。而百度首页有了hao123以后，大家发现，设百度为首页的数量也快速增长起来。PM的同学感慨："数字真的是不骗人的，用户用数字来表达他们的需求，一旦被满足，就会给你大大的回报。"

事实上，不仅是hao123，所有能上百度首页的产品，首先必经的，就是"数据"关，PM要拿出确凿的数字，证明它具备了上首页的"群众基础"和价值。

■ 一个小小的充值问题

2009年10月，百度大厦全面建成，开始了入住前的各项准备工作。

行政部的张争负责一卡通的项目，新的员工一卡通不再仅仅是一张门禁卡，也是一张在百度大厦内的消费卡，在楼下餐厅吃饭或在小卖部买东西都要刷卡。

这卡里的钱怎么充呢？有人提议，干脆由财务每月发工资时把员工的餐补直接打到卡里，这样既方便，又能节省员工充值的时间，大家肯定都觉得这样好。

但是讨论这个环节的时候，行政部总监，也是大厦项目组组长的安民觉得不妥："百度是讲究数字说话的，我们认为大家肯定觉得这样好，有什么依据呢？还是应该做一次民意调查。"

"历来的经验证实，要组织全体员工参加一项调查是比较困难的，很难取到足够的样，还是无法确保代表性啊。"张争有点儿犯愁，"我们只能一个个地去找到每位员工，让他们当场表态，可是总部有3000人，实在不好操作。"

这件事被COO（首席运营官）叶朋知道了，他马上做出决定："不用每个人去找，只要每个体系内抽出一支人数占10%左右的团队来一一参与调查就可以了。我非常同意安民的意见，数据说话是百度最基本的文化之一，我们不能想当然地替员工做决定，这个民意调查是一定要做的。"

张争按叶朋说的方法搞了一次短平快的调研，在各个被抽调部门同学的大力支持下，很快出了结果。在参与调研的200多人中，只有33%的人选择直接将餐补存入卡中，57%的同学则更愿意自己去充值，另外10%的同学觉得无所谓。

"这个数字很说明问题啊，我们还是让大家自己充值吧。”看了数据，安民很踏实地说。

“让数据说话”，这句话从另一个角度强调了客观与实事求是对一个现代企业成长的重要性。其实很多企业的老板是不敢面对自己最真实的成绩单的，这多少带着点自欺的味道——数据对自己有利就笑逐颜开四处传播，如果不利，就避而不看甚至质疑。数据是最客观真诚的朋友，再差的数据也能或多或少地说明一些问题，敢于直面自己的每一道数据，并挖掘出数据后面的真相，才能指导队伍行驶在正确的航线上。End

07

问题驱动

我们的每一步都应该是在解决问题的过程中前进。当一个新的idea产生的时候，请先问一下自己，做这件事我能解决什么问题？然后，又会出现什么问题，如何解决？如果一个创意不能解决任何现实存在的问题，它就没有实现的价值。

在百度技术部里，每年都会有很多听起来极炫的项目被kill掉，为什么呢？原因只是一个——过不了Robin“这个产品到底要解决什么问题”这一关。

因为资源是有限的，可以做的事却是如此之多，百度之所以一路前进，正是因为每个项目都是在解决问题中应需求而生的。一个项目被提出时，如果并没有一个急需解决的问题做“后盾”，多半就会被束之高阁。

话说阿拉丁项目在百度的技术与产品部门立项后，2008年6月到了向Robin汇报的环节。

技术总监王梦秋知道Robin一定会像往常那样首先问“这个产品要解决什么问题？”所以不等他问，便直截了当地说：“产品部门的同学发现，到百度输入关键词的用户很多时候是想寻找网页以外的资源，如图片、视频或MP3等，他们已经做了四年左右的研究，通过这个项目的实施可以将百度垂直搜索产品中的结果都整合到大搜索的结果之中，让用户更快地找到所求。我们认为，现在，是调整技术方向的时候了。”

“可以啊。”Robin听了非常感兴趣，但接着又问：“可是百度平台上制造的内容非常有限，把我们的内容都纳入之后，还是无法满足用户的需求怎么办？”

大家一时没有想到办法，一阵小声的讨论过后，目光汇聚到Robin脸上，他似乎已经有了答案。果然，Robin说：“我给你们出个主意，我们可以再想远一步，开放后台系统，让整个互联网里好的资源都能接入进来。”

这个宏大的想法出乎在场所有人的意料，技术部的同学们眉头紧锁：“那么我们的质量怎么控制？又该如何进行审核呢？”Robin把视线投向首席产品架构师孙云丰：“那是PM的工作，现在的第一要务是要把这个创新的想法落实下去，看用户的反馈。”

眼看奥运将近，王梦秋和孙云丰决定以此为契机做一次尝试，于是，在奥运期间，用户通过百度搜索相关关键词时，体验到了百度的变化——会优先出现金牌榜、比分、图片等结果。试验的结果是，用户非常欢迎，百度的流量在奥运期间上冲了新高。于是，历经四年的这个创新想法终于进入全面大规模开发。

时间到了2009年7月，“阿拉丁计划”推进顺利，在一次产品汇报会上，Robin的问题又来了：“经常有朋友对我说‘你们搜索引擎什么时候才能无处不在，而且要什么有什么，回答得出我所有的问题呢？’我们的‘阿拉丁’就是想让用户要什么有什么，但我们现在只是进行了资源的整合，如果用户想要找的不是内容而是应用，或者他们是在其他非PC平台上提出需求，比如手机、电视或公交车站上，怎么满足呢？”

这个问题切中了要害，也打开了另一扇通往更深入探索的门。产品和技术部门的同学开始七嘴八舌地讨论起来，有人说，可以将百度的搜索框嵌入各种介质，让框无处不在；有人说，可以在开源的平台上建立应用等等。

讨论的最后，Robin说：“我想，我们这个框的背后提供的将不再只是一个spider，而是一种计算，通过瞬间完成的海量计算，将人们真正需求的结果——而不是中间步骤，直接丢给他。也就是说，让搜索引擎抓取的范围从可搜索资源扩展到应用；从PC平台扩展到其他平台。” 这，就是后来他在2009年百度技术创新大会上引起全社会广泛关注的互联网发展新理念——“框计算”。

原来，Robin的大脑早就被这一系列的问题所驱动，走到了技术发展方向的更深处。他深入了解用户需求而提出的一个个问题也将百度的技术带向新的领域。有了明确的方向，研发的发动机便飞快地运转起来。

■ 实时搜索究竟怎么做?

Twitter在全球掀起微博客的热潮后，网页搜索产品部门有同学提出：“微博客肯定会在中国流行起来，咱们是不是应该也赶快做一个？”

接着，有同学反问：“做微博客对搜索引擎的价值是什么？能为我们解决什么问题？”

答：“能解决实时搜索的问题啊，实时搜索肯定是有需求的。”

又问：“在中国，微博客能为我们提供公众普遍感兴趣的实时信息吗？”

答：“应该能吧，我们调研一下。”

调研的结果显示，在中国做微博客，能收集到有价值信息，但相比“我今天吃了……”这类个人分享，有价值信息的比例不会很高。

于是产品部门继续自问：“那么我们在中国能否

找到其他资源，为实时搜索提供支持？”

大家找到的答案是有——比如贴吧、论坛等，无论是百度贴吧，还是各地的一些知名论坛中，都聚集了大量“好事者”，愿意将实时的新闻在那里与群体分享，在这方面，中国的情况远比国外发达。而且大家在调研中还发现，在中国，这种群聚网上平台分享出的实时信息，比个人发表的内容更容易接近真实，大家你一言我一语，可以补充完全一个新闻事件的各个方面，使错误信息得到纠正。

最后产品部门得出结论，这件事情的讨论重点不应该放在我们是否要自己做微博，而是应该去考虑如何利用互联网上和百度已有的资源，把实时搜索做起来。

于是，一个囊括了贴吧、众多知名论坛和国内新兴微博网站的实时搜索产品项目终于在产品部门立项了。

百度上市以后，据说李彦宏的工作主要就是 kill ideas，当一个企业有了一笔钱，同时在市场上有很多事情可以投入的时候，很多人会失去判断力，因为看来到处都是机会。李彦宏用一种简单的方法解决了这个问题，即反问“你这个idea能解决用户的什么问题”。这让我们看到，李彦宏之所以有超乎常人的判断力，正是因为他愿意掠开一切浮华的表面现象，抛弃任何投机主义的小聪明，去直击事物的本质。End

08 不唯上

一个有活力与创造力的组织，一定会鼓励一线员工坚持自己的观点并敢于直接表达——即便这可能有悖于某些上级或权威的观点。只有这样才能让每个人的专业性与责任感真正发挥出来，避免企业犯经验主义的错误。

2008年初，百度的即时通讯产品经过几个月的潜心开发，即将面市。

崭新的产品需要一个响亮的名字才能一炮而红。关于IM（即时通迅）产品的最终名称，却在这最后一刻引起了一番争论。意见可以分成两派，一派说，叫“百度Hi”，另一派说，叫“百度小声”。小辛当时加入客户端软件部没多久，参加这场名字讨论会时，他心想，这还有啥好争论的，Robin不早就表态了么，他都在博客里对那么多网民说了，“百度小声是个不错的名字，我喜欢”，这相当于大老板拍了板啊。

但这场会议的讨论结果却让小辛大跌眼镜——项目小组举手表决的结果是“百度Hi”的支持率高于“百度小声”。这样百度IM的名称就最终定为“Hi”了。

“Robin心里会不会不痛快呀，”小辛私下里偷偷问Team里的老员工。“你以为Robin是国企的老总啊，在百度，Robin的意见也只是个人意见。”这句话，小辛在别的地方可是没有听到过，他眼睛瞪得老大。

直到后来有一天，他看到Robin在博客里坦然地写道：“虽然百度小声是我喜欢的名字，但在百度并非总是我说了算，所以最后就叫Hi了。”小辛才算真的领教了百度“不唯上”的文化原来是Robin自己的坚持。

■ 实习生PK大牛人

当年，PM的小洁来百度实习才三个月，就加入百度一个重要产品的秘密开发小组。这个小组一共八个人，几乎集中了PM包括俞军、孙云丰在内的最牛的能人，而第八个是这个实习生小洁。

这个项目时间紧，任务重，要求高，小组经常开会研究问题。研究问题中，经常会有不同的意见，组员们又一个个特别能坚持自己的意见，所以，争得面红耳赤是经常的事，甚至，激动起来会“拍案而起”。小洁开始有些受不了。她觉得她也该坚持自己的观点，后来坚持久了，没有办法表达了，也拍了桌子，好像也没有管对方是谁，这个对方，当然也包括俞军。

这个项目就在争执与拍桌子中，不断进展。由于这个产品百度做得比对手晚，所以原计划的目标是上线六个月后赶超对手，而结果呢，经过三个月的测试期，在它正式上线的第一天就成为了行业的No.1。回想起这个产品的诸多优点，小洁发现，它们正是在当时一场场激烈的争执与拍桌子过程中撞击出来的。

这个产品的名字，叫百度知道。

在百度，没有权威，只有事实。在事实面前，人人平等。

一家拥有“不唯上”的决策风格的公司是值得敬畏的，因为这意味着企业领导人乐于放下权威，尊重眼前的事实，引导团队做出最为理性的决策。事实上，由于企业领导人做的大多是战略层面的工作，不接“地气”，往往容易忽略来自基层的真实情况。当年，老一辈革命家陈云说“不唯上、不唯书、只唯实”，就是劝诫人们尊重现实，重视实践，而不是迷信权威和理论。其实，领导人放下架子，偶尔在力所不及时向员工暴露自己的缺陷和短板，反而会使员工更加信赖自己，并在整个公司里形成“唯实”的风格，大大增强企业的活力。End

09 对事不对人

组织内最有效率的沟通方法，莫过于实事求是、坦诚相待了。坦诚地说出否定意见，需要的不仅仅是勇气，还有一颗公正的心——只关注事物本身的对错，而不是根据这件事是谁做的来给出不同的评判；同时，也不要把对一件事情的评判直接引申为对人的评价。

2002年，快速发展中的百度一方面要面对独立流量带来的用户，另一方面，还要为合作的门户网站提供搜索服务。当时，负责人Dan几乎天天都盯着百度服务器，因为每天承受的访问压力已经接近服务器极限，如果访问人数再增加，就会导致百度独立网站的服务不稳定，严重影响到用户的搜索体验。

恰恰这个时候，销售那边新谈成了一个门户网站，希望马上使用百度的搜索引擎服务。

Dan很犹豫，他知道这个服务不应该上，因为新服务很可能成为压垮百度服务器的“最后一根稻草”。但最后因为种种原因，Dan没能坚持到底，新服务还是上线了。结果，连续两天，百度网站的服务稳定性很差，用户在提出搜索请求时经常得不到正常的搜索结果，新服务不得不紧急下线。

Dan惴惴不安了好几天，已经做好了挨批评的准备，他明白，以Robin的个性，是容不得这么大的纰漏的，从不发脾气的Robin看来要在自己这儿破一次例了……

Robin确实对这件事很在意，但是在例会上，他并没有对任何人发脾气，而是平静但认真地对Dan说：“你的职责就是保证百度的服务可依赖，所以这次事故你有很大的责任，要好好反思。”然后很快将话题一转，看着大家地说：“现在最关键的是怎么解决这个问题，赶紧讨论一下。”

Dan说出了自己准备好的解决方案，Robin很认真地听着，时而点点头，他觉得这个想法考虑得很全面，然后很投入地和他一起讨论起其中的细节来。Dan心头原本重重的乌云渐渐散去。

会后，Dan看见Robin还是有点儿不好意思，没想到Robin却好像已经忘了这件事，主动过来对他说：“这个周末你有空吗？”看着Robin脸上那带着无限企盼的熟悉表情，Dan乐了：“你是不是又想把大家聚一块玩‘杀人游戏’了？”“是啊，好久没玩了，你们不想玩吗？”“早就想了！我去约人，这周末！”这下，那个活力四射的Dan又回来了。

■ 一份review了三次的评估报告

“你们是不是不信任我啊！” 一天，PM部门的新员工小陈冲leader委屈地吼了一声。

“没有啊，没有啊，我是对事不对人的！”leader同样委屈地解释说。

原来，当时百度日本有一个产品上线，由经验丰富的小陈负责评估。小陈的评估报告结果出来了，leader却让身在日本的百度日本副总裁再进行一下测评。

于是，小陈心里犯了嘀咕：“leader是不是不信任我，为什么找别人测评我的工作？难道对这个分数不满，想通过测评提高测评得分？还是因为上周我和他在会议上争论了几句得罪了他呢？”

Leader没有多解释。日本方面的测评分出来了，居然比小陈做的还低了一大截！

leader和其他同事商量之后，觉得日本方面的判断方式可能存在偏差，又发回去让其重新评估。

一周后，日本方面的结果回来了，比第一次高了3%，可仍然比小陈给的低不少。

Leader开始琢磨，肯定是哪里出了问题。

于是，leader和其他同事开始一个案例一个案例地再重新评估，排除各方面的偏误，最后得出的分数，竟然比日本方面两次测评的中间值还要低！

leader最终提交了这份报告，也获得了开发部门的认可，成为工作调整的依据。小陈这才明白，leader只是在做应该做的事，根本没有针对自己，是自己小心眼误解人家了，顿觉十分汗颜。

在百度的会议室里，每天都能听到有人在争论，直接反驳或争执得面红耳赤是常有的事，但出了会议室，大家不会改变融洽互助的关系，诀窍就在于，所有的争论都是对事不对人的。

“对事不对人”的精髓在于注重成果、尊重规则，这与前面所说的“唯实”一脉相承。对事不对人可以让企业里的人把有限的精力聚焦在事情和结果上，做到这一点，企业需要两方面的支撑：其一是企业上下要不带偏见地评价员工的工作成果；其二是要建立完善和健全的制度和标准体系。

当然，“对事不对人”也不是绝对的、单向的。在一些时候，企业的领导者也要让“对人不对事”的思路和行为与之并行。End

Part 3

出奇

创新求变

允许试错

迅速迭代，越变越美

保持学习心态

遇到新事物，先看看别人是怎么干的

10 创新求变

Part 3
出奇

勇于创新和灵活应变，是企业持续发展、克敌制胜的原动力。然而随着企业规模的扩大和业务的成熟，多数公司都会自然而然地倾向安于现状、保守行事。因此，如何永葆组织的创新激情与灵活求变精神，成为企业管理者的一项长期任务。

“变化和创新不会很简单地摆在那里，而是需要企业主动拿出选择创新的勇气。”2009年3月，在出席中国（深圳）IT领袖峰会时，Robin为正遭遇金融危机挑战的中国企业们提出了三大应对策略，其中最为关键的一点，便是“创新求变”。

实际上，这也正是百度多年来在互联网搜索领域持续保持绝对领先优势的“秘诀”所在。

2003年，快速成长的百度遭遇一个发展瓶颈——虽然当时百度已经可以搜寻高达两亿中文网页上的信息，但从用户请求得到响应的比例来看，还是有太多人的需求得不到满足。

分析之后百度发现，造成这种情况的原因很简单：互联网上中文网页的数量太少，信息量远不能满足搜索者的需求。而在这样一个天然的瓶颈面前，强大的对手也都纷纷放慢了脚步。

面对这个看似无法跨越的鸿沟，Robin却不甘等待。在他看来，这正是一个创新求变、弯道超车的好机会——既然网上现有信息已经无法满足用户的需求，何不让用户制造内容？

这个想法在心里盘旋了许久之后，Robin与刘建国、俞军、郭眈等技术人员展开了讨论。“有没有可能建立一个平台，为每个被搜索的关键词自动生成一个社区，将搜索同一关键词的人聚集到一起，共享出他们与之相关的话题与信息？”Robin问。

“做社区？”俞军问。

“是搜索+社区——从技术上为每一个用户输入搜索框的关键词自动生成一个社区。让搜索同一关键词的人自然而然地聚到一个社区里，如果网上找不到现成的他所需的信息，用户可以把他自己的需求留下来，同时主动发帖分享自己知道的关于这个关键词的信息。久而久之，这个社区里就能聚集出大量网页上没有的关于这个词的信息，后来的请求就能得到满足了！”Robin的语速明显快于平时，眼睛里闪着亮光。

“这听起来可是与现有的任何社区模式完全不同啊，从技术上来说是一个创举！”两秒钟的沉默后，刘建国兴奋地说。

“这个东西还有一个好处，”Robin接着说，“一旦我们把它做起来，就可以大大增加搜索引擎的转换成本。”

“这个东西能实现吗？”俞军有点儿担心地问郭眈。

“从技术上来说，应该可以实现。”一直沉思不语的郭眈接过话头，“我已经想到了一条路子，今天回去再全面考虑一下。”

这个项目就这样初步设立了。接下来的日子里，按照Robin的想法，俞军和郭眈反复调研讨论，越来越发现这个想法不仅非常可行，而且有很好的用户需求基础，可以为网页搜索带来意想不到的支持，助百度斜刺里杀出重围，打开一片新天地。在这个过程中Robin始终非常关心，不断提供好的建议，贴吧产品很快进入了紧锣密鼓的实质性开发。

2003年12月1日，百度第一款搜索社区产品——百度贴吧闪亮问世，并迅速受到用户的广泛好评及追捧。如今，贴吧和后来推出的百度知道、百科，已经成为百度这个全球最大中文社区的“三驾马车”，为百度带来了巨大信息量与流量。

贴吧的推出只是Robin的一个创新的idea，但正是类似创新的想法不断得以实现，才让百度不断保持着竞争优势。大家都知道，保持创新效率，是Robin在百度十年间始终不断提起的一句话。

守旧还是创新？

2004年时百度正处于快速上升期，但在每天对原有技术架构下的产品进行更新升级之余，PM开始着眼于搜索引擎未来的发展方向，大家一致认为，应该是对应不同类型的用户需求，自动配置不同的资源，比如输入不同的关键词时，可能想要找到的东西不一样，有的是想找文章或网页，有的可能是想找图片、视频或榜单。

这时，大家看到只有韩国的一家搜索引擎公司开始做这方面的尝试，将各种资源全部罗列在搜索结果之中，让用户自己挑选。

那么能不能把百度垂直搜索的结果直接列入搜索列表中，针对不同的关键词让用户最可能想要找的资源排序在最前面呢？从此，这个创新思路的构想开始在百度产品部门中产生，孙云丰甚至已经开始写起了文档。但是由于当时的精力有限，而这个思路对原有技术架构的改变非常大，暂时无法实现。

但产品部门的PM们认为这个创新对百度乃至搜索引擎的未来非常重要，所以并没有放弃。

在2005~2006年间，产品与技术部门携手，开始着手在原有的技术框架下做尝试，将百度原有的垂直搜索结果引入了网页检索的结果之中，按需调取。来自用户的数据反馈让大家看到了希望，也进一步坚定了大家创新求变的信心。但问题是，原有的技术架构无法支撑大规模的产品换代。

2006年开始，在产品与技术部的共同努力下，先进行用户需求识别，再针对需求对搜索结果进行资源匹配优化的新技术方向有了雏形。

2008年初的一次产品技术委员会扩大会议上，研发部门的小胡提起这件事，“这个创新的项目如果立项，将是网页搜索自2004年以来投入最大的一个项目，要改变我们整个的技术方向，你们认为真有这么重要吗？”孙云丰马上跳起来说：“我认为很重要，之前我们已经想得非常充分了。”

听完孙云丰对三年来相关工作的总结，技术总监王梦秋马上说：“既然这样，那我们不用讨论了，虽然这对于我们现有的技术方向是一次大的改变，但能让用户要什么有什么，无疑是让我们的搜索引擎更接近用户未来的需求。马上立项吧！”

要什么有什么，项目的名字于是就被定为——阿拉丁。

创新是企业得以“进化”的动力，也最容易被忽视甚至遭到冷遇。很多成熟的企业虽然仍然在喊着创新的口号，也不断用PR手段将自己包装得非常创新，但实际上，在企业的内部已经越来越害怕创新，因为相比创新可能带来的巨大利益，大家更害怕它可能引发的风险，从而使企业丧失已有的优势。同时，越来越多的中层管理者开始安于享受眼前的舒适，不愿冒险，更不愿为创新的风险承担责任。所以企业越大，创新的想法必然越难产生和成活，这也就需要企业的领导者始终头脑清醒地不断以身作则鼓励创新，并为创新者指明化解风险的道路，解除他们的后顾之忧。

并不是所有的创新都意味着颠覆，创新有很多种类型，选择哪种类型的创新，要看企业的核心能力、市场的竞争格局和产品的成熟程度而定。但是无论如何，乐于创新的企业都必须首先具备“唯实”的风格，即从现实出发，从市场出发去主动创新。唯有如此，创新才不会是冒进，而是企业健康的新陈代谢过程。End

11 允许**试错**

伟大的创新有时就存在于某些看起来不成熟的想法里，所以要鼓励员工的每一次创新，舍得给他们机会去试错。有时候明知风险很大，仍然可以让他们去做。可以小规模地尝试，如果结果不好，退回来就是了，但试错中得到的宝贵经验却可以让团队大步成长。

2002年，百度的搜索业务经历了从后台走向前台直接面向用户的变革，很多事情都还在摸索之中。

一天，工程师小韩在餐厅碰到Robin，正好在吃饭时跟Robin探讨一些产品方面的问题："能不能将搜索结果页模板的行宽从500像素调整为600像素，这样不仅看着会更舒服，一页也能多出现两条结果，会有更好的用户体验。"

Robin想了想，对小韩说："这么改按道理说是好的，但需要用户的显示器达到比较高的配置才行，现在有不少用户的显示器可能还是1024×768的，那样一来，用户体验就不好了。你知道主流用户现在主要使用什么显示器吗？”

这个问题太复杂了，现在的电子产品特别丰富，而且不同地区、农村和城市的也不太一样。小韩想到这里，有点儿头大。

看到小韩有点儿泄气，Robin建议：“其实也没有那么复杂，我们直接面向用户小批量上线试一试，如果用户体验确实提升了， 那我们的流量肯定会增加，如果用户体验不好，那我们不做就行了，问题也不大。”

小韩全力以赴，很快将相应的程序开发了出来。

最后，百度选取10%的用户，对新的结果页模板进行了小批量上线尝试，结果证实了Robin的担心——用户的点击量不增反降，看来，百度用户的设备还跟不上这个调整。不用怕，马上下线就是啦！

每当看到总监们过于担心，不敢让下属试错的时候，Robin常会说：“我们现在还是个小孩儿，有哪个孩子小的时候不跌个跤呢？这就不敢跌跤了，以后长大，就更不敢了。小批量试一下，马上就可以知道结果，知错就改，有何不可呢？我觉得，相比损失的那一点点流量，鼓励工程师有不断改进的想法和创新意识是更重要的，它会给我们带来源源不断的前进动力。”

■ 出了事故，没有受到批评

小奇现在是百度NS部门的优秀工程师，但他还是实习生的时候，出过一次事故。

那时，他实习不久，便作为主力工程师参与某一产品重要新功能的开发，负责其中多项技术点攻关。为了来个精彩亮相，小奇费尽心血设计了精彩的页面。经历多次试验，反复测试评估，终于完成了这项新功能的开发。

Leader看到这个页面皱了皱眉，欲言又止。只是问了问服务器压力测试的情况，计算了一会儿，就给通过了。

生平第一次亲手开发的产品要让亿万人用了，小奇盯着上线后的页面，兴奋地看着点击量迅速攀高……谁知，切换后不到半小时，服务器负载严重过高，系统不能负荷，面临当机，只好“回滚”，第一次上线失败了！

当晚，大家立即召开现场会定位事故原因，原因找到了，正是小奇设计的漂亮页面惹的祸，因为页面中众多图片的请求在原产品巨大的流量基础上产生了数倍的放大，骤增了服务器的压力。小奇紧紧咬着嘴唇，脸憋得通红，心情一度跌到了冰点。

然而，leader并没有批评他，而是在会上首先检讨起自己：“我当时看到小奇设计的页面想到了这个问题，但是一来是我自己判断有误没觉得会这么严重；二来，我觉得小奇的创意很不错，应该给他机会上线试一下，其实这个结果也证明了他的设计很受欢迎啊。这个责任，是我的。”

一直垂头丧气的小奇抬起头来，后背也渐渐又挺直了。这一次试错的教训是深刻的，他永远不会忘记。同时，所有参加了案例分析的同事也都在自己心里绷起了一根弦——百度的流量是如此巨大，任何一点改动和增加都可能为服务器带来千钧重担。

不久，小奇顺利地拿到了百度正式聘用的offer。

企业领导者如果希望鼓励创新求变，就必须辅以“允许试错”的企业文化和制度设计。自称“抱着炸弹经营”的本田创始人本田宗一郎说：“即使有某种程度的过激和错误，只要是积极的……也是允许的。这是年幼者的特权，不能随随便便就丢掉。”中国经济创造了持续三十年高速增长的奇迹，这消磨了很多企业的试错热情：因为看起来企业成长是理所当然的。王石曾表示：“中国的改革开放给企业许多盈利空间，掩盖了企业的试错损失。”在这种情况下，原来的正确道路可能突然发生裂变，因为原来的道路并不是试错的结果，或者说，人们原本自以为正确的判断，可能并不是建立在理性的基础上。

班固在《汉书》中说："善败者不亡。"道理好懂，但在企业里建立一种实实在在的鼓励试错的机制则相当难。在现实中，一种企业主动让事情发生，一种企业等着事情发生，一种企业不知道事情会发生，你的企业可能是哪一种？End

12 迅速迭代，越变越美

在飞速发展的互联网行业里，产品是以用户为导向在随时演进的。因此，在推出一个产品之后要迅速收集用户需求进行产品的迭代——在演进的过程中注入用户需求的基因，完成快速的升级换代裂变成长，才能让你的用户体验保持在最高水平。不要闭门造车以图一步到位，否则你的研发速度永远也赶不上需求的变化。

2000年，百度完成了第一版的搜索引擎，功能已经很强大，超过市面上的其他搜索服务。但是从纯技术的角度来看，第一版搜索程序或许还存在一些提升的空间。开发人员秉承软件工程师一贯的严谨作风，对把这版搜索引擎推向市场有些犹豫，总是想做得再完善一点儿，然后再推出产品。

当时，对是否立刻将这款并不完美的产品推向市场，百度的几位创始人也仁者见仁，智者见智，大家的意见很不统一。

最后，还是Robin来下结论了。“你怎么知道如何把这个产品设计成最好的呢？只有让用户尽快去用它。既然大家对这版产品有信心，在基本的产品功能上我们有竞争优势，就应该抓住时机尽快将产品推向市场，真正完善它的人将是用户。他们会告诉你喜欢哪里不喜欢哪里，知道了他们的想法，我们就迅速改，改了一百次之后，肯定就是一个非常好的产品了。”Robin说，“所以，这个过程中不怕错走弯路，但重要的是快速迭代，早一天面对用户就意味着离正确的结果更近一步。”

上线后，百度的新产品果然受到用户的普遍欢迎，当然，从后台观察上百万用户的使用习惯与应用方式，也让大家更清楚了用户需求，从而明确了改进的方向，技术部集中力量进行了一轮又一轮的攻关改进，一周之内，功能已经进行了上百次更新，而这种优化从此便延续下来，直至今日。

现在想起来，如果秉承完美之后再推出的心态，百度可能永远也不会推出自己的搜索引擎，因为用户的需求日新月异，永远都没有最好，只有更好。

今天，百度产品的更新迭代更快了，大家不知道，其实每天都会有上百次更新升级上线，网页搜索的结果页每一天都有几十个等待测试上线的升级项目，失败了不要紧，改过再上。百度的工程师已经习惯了一个叫“AB test”的开发模式，即如果我们不确定A、B两种结果哪个更符合用户的需求，就让用户来为我们test，得到结论迅速调整。

正是这种越来越快的迭代演化使百度在中文搜索引擎的生态圈里永远保持在进化链的最高端。

在一次总监会上，Robin详尽地阐述了他的“快速迭代理论”，“这个产品究竟是该这么做还是那么做？用二分法来看，经过100次试错之后，你就能从2^{100}个选择中，找出那个唯一的正确答案”。

在他看来，用户是最好的指南针，任何产品推出时肯定不会是完美的，因为完美本身就是动态的，所以要迅速让产品去感应用户需求，从而一刻不停地升级进化，推陈出新。这，才是保持领先的捷径。

■ 并不完美的行业报告

2007年初，商业分析部开始尝试撰写行业分析报告，为大客户提供增值服务。

当四月第一份《汽车行业报告》新鲜出炉时，负责推广报告的PR同事小彦一看就皱起了眉头：虽然百度的数据得天独厚，但是这份报告内容实在不够专业，怎么连奥德赛这样的车都被归类到越野车里了呢？而且，相比别的公司动辄几十页上百页的专业报告，百度仅仅简单的几个排行榜形成的薄薄一本报告，权威性似乎不足了。

小彦把自己的看法反馈给商业分析部的小芳，小芳脸一红，赶紧说："我们弄错了。"可心里焦虑地想："我们部门一共就只有三位研究员，按目前的计划，未来还要出好几个行业的报告呢，确实无法样样精通，以后保不齐还会出这样的bug啊。"

小芳找到当时的商业分析部总监周敏，说出了自己的担忧，最后补充道："咱们还不够专业，你看这事儿能不能先缓缓，等我们自信能拿出最权威的行业报告来再发布吧。"

没想到，周敏听后却并未特别吃惊，反而很坦然地说，"以我们目前的力量确实做不出最好的行业报告，但我们现在的第一要务，是抓住市场时机开始推出行业报告，发到客户手中，然后根据客户的反馈不断吸引人才，提升专业力量，把水平迅速提高。你看，你今天不是就收集到了一个反馈吗？如果我们不推出，怎么会知道呢？我自己也收集到了一些，比如客户和广告代理公司都对我们的汽车、家电、化妆品、IT报告很感兴趣，希望我们能越做越好。"

小彦还是有些不放心，但后来他发现，百度行业报告越来越受到各个行业的重视和认可，这也激励着团队里的人每天不断学习提高，在每一次报告发布后，都要进行系统化的思考和改进，报告做得越来越专业，一次比一次详细和准确，越多接触这些行业的客户，越摸清了需求的脉搏和改进的方向，随着行业报告每一次更新，质量也越来越高，渐渐的业内的反馈从差评变成了好评，还建立起来不少的口碑，甚至到后来是客户催着他们出行业报告。

事实证明，这个占位很重要，让业界认识到了搜索引擎的营销价值，为百度在各个行业里建立起了“时代精神，百度知道”的权威形象。

2009年新加盟百度的商业分析部总监褚达晨当时看到百度的行业报告眼前一亮，他觉得这块儿布局非常重要，便将自己在国外顶级咨询公司多年的行业报告撰写经验对团队倾囊相授。百度的研究员们也苦练内功，积极向外拓展，请各行业专家来指导。

当2008年新一期的《百度汽车报告》在广州车展上发布时，业内同行纷纷索要传阅，一位从业二十多年的专业人士评价说：“这份报告可以和任何一流咨询公司的报告媲美。”

现在，百度的汽车报告已经征服了四大汽车门户网站，成为被整个汽车行业关注和引用的重要资料。

“迅速迭代，越变越美”，这句话其实是与上一句相辅相承，共同解释李彦宏的创新观——既不能以自我为中心想当然地进行闭门造车式创新，也不要因为害怕犯错而固步自封，真正的创新是小步快走式的，不怕犯错，但不要在错误的路上走得太远；而判断一个想法是正确还是错误的唯一标准只能是用户的满意度，所以，每一步小小的改造之后，要立即让用户来给你的创新打分，让他们来告诉你下一步前进的方向，然后迅速改进，继续前行。End

13
保持学习**心态**

在快速发展变化的时代里，如果不能够不断学习，就会被市场淘汰。所以，企业的每一位员工，都应该保持求知若渴、虚心若愚的学习心态。这是企业发展和进步的根本动力。

百度的牛人多，随着百度市场份额的不断增大，在行业里一骑绝尘，一些大牛儿们说话时也越来越牛。

一次，Robin在一个产品讨论会上问起大家对竞争对手的一项新技术的看法，没想到，好几个人都非常轻视，认为“我看没啥前途”。另外一些人则表示还未来得及关注研究。

没有人察觉到，Robin轻轻地皱了一下眉头。就在下一个总监会议结束前，Robin走上前台，专门给大家分享了他精心准备的一份礼物——那是苹果公司创始人、CEO乔布斯在斯坦福大学毕业典礼上的演讲词，这段演讲的题目是“stay hungry, stay foolish”，即“求知若渴，虚心若愚”。

Robin说：“当我们满足于现状的时候，倒退、挫折就会到来。每一个百度人，永远不要满足，永远要记住，始终保持‘饥饿’与‘愚蠢’，让自己不断学习，不断进取。这样，公司才能更迅速地发展，每一个百度人，也才能跟上公司的成长。如果我们不能不断学习，就会被市场所淘汰。”

2009年7月，Robin在一次公司全体经理以上员工参加的战略沟通会上宣布了百度提拔干部的三个重要标准，而“保持学习的心态”赫然列于其中。

在百度工作稍微长一点儿的同事都知道，Robin本人就是一个非常热衷学习的人。在过去的十几年当中，他从来没有离开网络超过二十四小时，每天早上起来的一件事情，就是上网看看业界新闻和产业动态，看看有什么新的知识和现象需要学习和研究。一直到今天，Robin这种持续学习的激情都没有改变。

早在他在Infoseek做工程师的时候，就很注重从其他公司的成败中学习，关注和深入研究了硅谷那些公司的成败，写了一本书叫《硅谷商战》，这本书至今还被很多互联网企业当做研究美国第一波互联网浪潮的最佳读本。

■ 每一天都在进步

2008年，辐敏晋升技术部副总监，熟悉她的朋友看到这个消息非常惊讶。原来，辐敏在学校期间是个非常内向，看起来更像只会埋头钻研技术的人，谁都想不到，她居然会向管理序列发展。辐敏对朋友们的询问最多的回答是："哪里啊，我也不懂的，就是不断学习呗。"

不断学习，对于辐敏来说，是八年的坚持。2004年，辐敏的职业生涯面临着一次转折。

当时，百度流量节节高升，同时新产品的研发速度也明显加快，这就需要更多的技术工程师，同时，也需要一批技术管理人才。

高级总监郭眈问辐敏，愿不愿意转型走管理路线。辐敏大学学的是计算机，进入百度的三年中，每天都聚焦在第一线的技术研发上，既没有管理经验，也没有系统地去了解过项目的运作。抱着"试试看"的心态，辐敏开始担任项目经理。但是第一次开会她心里就急了——她发现自己的知识不够用了，原来的自己只需要写好代码就够了，但项目经理需要协调各组的资源，处理很多别的组的问题，还有很多事情要学。

于是，辐敏虚心向别的组的同学请教，不断琢磨怎么把控项目进度，怎么才能保质保量。她留心观察自己的leader郭眈是怎么开会、怎么找人谈话的，她也报名参加了HR的管理培训，只要有时间，当时技术部组织的所有管理培训她照单全收。不仅听课时投入，培训以后，韫敏还要再问自己一遍：以前相关情况的处理方法是否妥当？用新的管理方法是否能处理得更好？每次，都会有新的感悟和感触。

渐渐的，学习和工作成为了一种良性循环。“不断遭遇新问题，处理成功后，其实自己又向前走了一步；于是又能接触到新事物和新要求，于是又需要学习新东西”，韫敏很快地适应了项目经理的角色。这种学习心态，帮助她越来越了解“管理”这个原本不熟悉的领域，能力也不断提升。现在，韫敏担当整个新产品研发团队的副总监，对她来说，也是水到渠成的事情了。

互联网的发展日新月异，百度要求每一个员工每天都问问自己：今天，我又学到了什么？有没有进步和提高？

“保持学习心态”，显然不是针对企业新进员工而言的，他们的学习心态是天然的，也是最强的。而对于成熟的高技能员工，或是经理人而言，身份位置越高，就越是需要刻意地去保持学习心态，因为这是做到其他几点的一个心理基础。如果没有学习心态，就不可能去不断试错，不可能放下身段去看看别人是怎么干的，不可能请比自己更优秀的人，不可能不唯上。End

14 遇到**新事物**，先看看别人是怎么干的

“拿来主义”，是学习的一条捷径。工作中遇到新事物或新的困难时，不妨先看看别人是怎么做的，这可能少走很多弯路，比自己闭门造车效果好得多。

2006年百度刚刚在纳斯达克上市不久，就成为在美国上市的非国有中国企业中交易额最大的公司。Robin注意到，纳斯达克百强成分股中没有一家中国企业，而这个包含了在纳斯达克上市的100家最大非金融企业的股指，一向被认为是纳斯达克整体表现的“风向标”，是全球最受关注的股票指数之一。

如何让百度进入纳市百强成分股呢？他请当时的CFO Shawn去了解一下，Shawn了解了评选方法后，发现纳斯达克百强成分股每年选取前100只流通市值最大的股票（根据纳斯达克自定的指标系统），在十二月中旬进行重估并更新。百度符合了该指数的各种苛刻标准，但只有一项标准稍有不足。这就是评选百强成分股时只计算ADR部分（即在美国上市部分的流通市值），未在美国资本市场流通的股票市值不能被计入。如此一来，对来自美国本土以外的上市公司非常不利，因此鲜有进入。

Shawn觉得这件事情很难，与Robin一起商量对策。两人一时都想不到好的办法，Robin对Shawn说："这是一个新的问题，咱们不妨先看看别人是怎么干的。""好，我再去对其他几个进入纳市百强成分股的海外公司的情况进行一下深入的了解，看看他们当初进入时的各方面条件，也许能找到一些可借鉴的思路。"

经过广泛的调查了解，回溯其他海外上市公司进入百强成分股指数的过程。Shawn终于发现其中一个关键因素是选好时机和抓住时机，也就是天时地利人和。在反复地分析全球宏观经济和各成分股公司微观的运行情况后，百度胸有成竹地按流程向纳市提交了申请，然后等待时机。

时机终于来了。2007年底，金融危机开始爆发，美国本土很多行业开始衰退，导致有几支原来是成分股的股票出现明显下滑，而中国经济仍然蓬勃。天时地利已到，早有准备的Shawn此时正带领着百度投资者关系部的同事对纳斯达克和百度的投资者进行走访，向他们进一步阐述中国经济的影响力和百度对百强成分股指的价值，以详实的数据分析新业务的发展前景，坚定了美国资本市场对中国公司的信心。本来人气就正旺的百度，更是逆市上涨。一举通过了所有评估标准，取代了业绩下滑的公司，进入了纳市百强成分股指数。

2007年12月14日，百度如愿地成为第一个进入纳斯达克百强成分股指数的中国企业。这件事情证明，面对全新的挑战，只要你善于从别人的成败中学习经验，总能找到一条新的解决办法。

■ 进军海外市场的捷径

2006年底，百度决定进军日本市场，这也是中国互联网界第一次以技术跨出国门的举动。尽管日本搜索市场有着巨大的潜力和吸引力，但具体应该怎么进入？包括Robin在内，百度任何人都没有过运营日文搜索市场的经验。

"我们可以先考察考察其他公司是怎样进军海外市场的，先看看别人怎么干。"Robin对具体负责日本市场拓展业务的副总裁任旭阳说。接下来大半年时间里，任旭阳就到处结交联想、华为、海尔这些中国最有经验的海外市场拓展方面的负责人，经常向他们取经。

遇到新事物，先看看别人怎么干，不等于跟风。事实上，由于处在不同的行业，公司的等级和规模也不同，联想、华为、海尔的很多经验无法被百度借鉴，但有些共同的原则是相通的。比如，海外市场要取得成功，一定要给予当地足够的资源和独立决策的权力，如何正确制定海外市场目标，设定组织架构，在海外市场找到最合适的人才等方面也都很重要。

那段时间，经常可以看到任旭阳一到周末就拖着行李箱往机场赶，问他总出差是否辛苦，他笑着说："现在比以前好多了，以前取经都要走着去，经历九九八十一难；我现在去取经都可以坐飞机。"

在"遇到新事物，先看看别人怎么干"这个原则的指导下，百度在日本分公司成立之前做了非常扎实的准备工作，令日本业务的发展少走了很多弯路。

创新和试错当然要付出代价，但这代价应该是企业有能力支付的代价，而不是搭上企业的成长性甚至企业的生命。柳传志说："在根本不会游泳的情况下奋不顾身地跳入水中，除了泛起一阵泡沫和带来滑稽的悲壮以外，什么结果也没有。"联想的目标不是引人注目，而是做一个"能成事的英雄"。因此，柳传志觉得"必须狠下心来，踏踏实实跟在别人后面'吃土'，但心里希望的是做'领跑’”。

先看看别人是怎么做的，并不等于简单地模仿，而是抱着学习的心态从他山之石中汲取经验教训，为自己的创新规避风险找到思路，最终的目标是突破别人的做法，做得更好。End

Part 4

协同

高效率执行

用流程解决共性问题

你不是孤军

打破部门樊篱

主动分享

15
高效率执行

Part 4
协同

在战场上，要想取得胜利，英明的将帅和具有顽强作战能力、能够迅速准确执行命令的军队缺一不可。在时间决定成败的互联网时代，企业也是一样，任何正确的决策是否能为企业带来优势，最终还是取决于整个团队的执行效率。

2007年10月，百度宣布将进军电子商务领域。

Robin把这个担子交给了原来负责贴吧的李明远，对他说："一年的时间能让商城和支付工具都上线吗？"

李明远知道Robin从不开玩笑，如果他心里没有做出判断，是不会提出具体时间期限的，他盘算了一下自己事先核算过的项目时间，便回答："一年，如果人员到位，能做一个初级的上线版本出来。"

Robin鼓励他说，“这件事的难度我清楚，和我们以前做搜索有很多不同，你需要新建起一支队伍，希望你们能实现一次高效率的执行！”

是时，校园招聘刚刚结束，电子商务方面的技术人才在市场上很难找到合乎百度要求的，但军令如山倒，李明远在给团队做动员时说：“我们要想尽一切办法去找人，项目上线的时间是死的，一定要按时完成任务。”

为了这一年之约，“有啊”团队几乎每天都要掰成两天用。他们的人数是竞争对手的八分之一，而且相对对手已经累积了多年的技术优势和经验，“有啊”是一片空白。没别的办法，只有靠拼命三郎的精神去干，人家每天干八个小时，“有啊”干十二个小时；人家一周干五天，“有啊”一周干六天。

开弓没有回头箭，市场招商工作同步推进，全国范围的推介会一个个紧锣密鼓地召开了，先把框架与百度理念介绍给大家，相约一年之后商城入驻。日复一日，项目的工期就是这样硬生生地在与时间的赛跑中抢出来的。

2008年9月，“有啊”进入了准备上线的最后冲刺阶段，大家也拼了。

为了当天平稳上线，有的同事悄悄推迟了婚期，所有产品技术骨干接受了军事化管理的要求，整整二十四个小时，谁都没有合眼。众人的努力和高效，最终保证了“有啊”一上线就达到了竞争对手上线六个月时的页面浏览量，也保证了每天经手的上千万资金的安全。短短十一个月，他们便以不可思议的速度完成了百度有史以来最复杂的产品——“有啊”和百付宝的零事故上线。

2008年年会即将来临，别的奖项都已名花有主，唯独这一年的总裁大奖还没有消息。该获奖的都获奖了，看着Robin平静的面孔，大家都认为：“今年看来要空缺了。”

谁知，年会举办前一天，Robin观看颁奖环节彩排时悄悄叫来负责这个环节的小妍同学，说：“请你们把电子商务团队从最佳团队奖项里去掉，我最后会给他们颁个总裁大奖。”看着小妍震惊的表情，他终于忍不住露出了一丝略带顽皮的笑容，故意问：“他们如此高效率地执行，难道不该得个总裁大奖吗？”

“该……当然该！”回过神来的小妍说：“那我得赶紧去改一下奖牌上的字啊。哎呀，已经给他们拍了VIDEO，他们都知道自己获得最佳团队奖了，这可怎么办啊？”

“你可千万不要走漏了风声啊，我就是想给他们一个惊喜。”Robin挑起眉心，有点儿不放心地叮嘱，继而又绽出微笑说：“到时候，希望是全场人都不知道这个大奖是谁，然后让灯光在人群中搜索到他们！”

“您放心吧，我马上去安排。”小妍已经先替李明远他们感到无比激动了。

在这年的年会上，李明远和他的“有啊”团队被感动得稀里哗啦，当Robin突然宣布这项总裁大奖，灯光伴着鼓点在全场终于找到他们并追着李明远走上前台与Robin深深拥抱的时刻，一年的艰辛都化作了喜悦的泪水。

■ 九个月，在日本上线

2006年7月，进军日本的计划开始进入实质阶段。

一个崭新的搜索引擎从开始研发到上线，一般都需要好几年的时间，何况还不是使用母语。但是Robin对负责该项目研发的崔珊珊下了一个“不尽人情”的上线时间表：“以2007年3月，为百度日本网站测试版上线目标。尽快完成前期准备工作，在一至两年内走完中文搜索七至八年走过的道路。”

军令如山倒，没什么可说的，唯有高效执行完成任务。整个日文搜索团队开始了fighting。

到了东京，租机房费了很大的周折，虽然比别人快，但还是耽误了计划，那就抢回来！面对空空的机房，首席代表陈海腾决定带着刚在日本招到的两个工程师，自己动手把里头的网线硬件给布起来，但一台台手工装机，没有规划地反复布线，把大家累得精疲力竭，虽然每天干到天亮，效率却一点儿也不高。

崔珊珊知道以后，决定从中国派一组工程师到日本。派去的工程师开发了一套程序，喝杯茶的工夫就可以装50台机器；装网线的时候，先把所有问题都规划好，一步做完，这样效率就明显提高了。

2007年2月，建设专线工期非常紧，除夕那天，百度总部系统部的几位同学，没能与家人团聚，而是在机房加班了一天，终于将日本-北京的专线调通了。

日本那边在紧张建设的同时，百度总部的对接工作也在抓紧进行。崔珊珊领衔的百度日本技术团队，用不到一个月的时间就搞定了从中文切词到日文切词的转变。 而从零开始，到完成20亿日文网页的索引，只用了六个月的时间。

2007年3月20日，百度日本测试版如期正式上线。这是中国第一批架设于日本的互联网搜索引擎服务器，百度日本这边也已经迅速招募到了十几位本地员工，负责财务、法律等各项相关事务，百度日本运转起来了。这些日本员工评价：“中国的公司真是太有效率了，这样的速度对于日本企业来说，也是不可能完成的任务。”

随着市场化与全球化的迅速发展，各个细分领域的竞争日益激烈，任何新的点子都再也无法独领风骚数十年，占据长久的优势地位，快字当先，得失成败进入秒杀之争。速度高的一方，会迅即将周围资源吸引过去，使竞争环境的生态系统围绕着他重新排列组合，强者愈强。于是，高效率执行便成了企业核心竞争力的重要组成部分。

通常的理解认为，最好的高效率执行模板是军事化管理，然而百度的实践打破了这一思维定势，用事实告诉我们，抛却严格的纪律，依靠具有极强向心力、协同精神与责任感的文化，同样可以不断创造出高效率的奇迹。End

16 用流程**解决**共性**问题**

世界上没有一劳永逸的事，问题总是千姿百态，层出不穷，但我们永远应该做制造印钞机而非手工打制铜钱的事情。遇到问题，多问几个为什么，找到根源，用系统的解决方案根除它，才可以为组织不断增强免疫力和提升工作效率。

2004年5月的一天，百度首页出现了一个与某跨国企业合作推进一项公益活动的文字链接，和以往一贯指向内部推广网页的文字链不同，这次它指向的是合作方官方网站上一个活动的页面。对百度而言，这是一次新尝试。

文字链上线不到两小时，用户便发现这个页面点不开了，负责此项目的经理小易紧张得出了一身汗，到底哪里出了问题？查明原因，他略微松了口气，问题出在合作方，由于低估了百度带来的点击量，他们的服务器当机了。小易当机立断，发起下线，暂停推广。

百度首页是Robin最关注的，这里的任何一点变化都需要Robin亲自审批，下线也是一样。

小易在发起下线的邮件里写道："由于XX公司的服务器负载量不够，链接已经打不开，百度也无能为力，特此申请暂时下线。"

当时，Robin不在公司，但他的回信很快就到了，里面并非如每次正常下线时只有"同意"两个字，而是在"同意下线"后面追加了一个问题："下线以后呢？"

小易狠狠地拍了一下自己的脑袋，很后悔自己邮件写得太着急，没把后续的处理写进去，还让Robin追着问，太不好意思了，赶紧回信："已经与对方沟通，等他们调好服务器，测试好了再发起上线，按原定时间将合作执行完。"他对自己的及时处理还是比较满意的。

没想到，两分钟后，Robin的邮件又来了，这回，不是五个字，而是好几行了："我想了解的不是这次怎么办，而是针对这类问题，你们有没有着手制定一个系统化的解决方案，我们应该对合作方提出多大的服务器准备要求，以最大限度地避免再次发生这类事故，以及如果一旦发生，如何最快地应对？

“首页任何一个链接每一秒钟的无法点击都会给亿万用户带来不好的体验，按流程发起下线需要多人审批，审批过程中又有多少人去点击看到了‘无法访问’？如果这种合作想要继续，这样的问题一定会再出现，我们应该用流程来解决共性问题，而不是事到临头特事特办。

“请你们好好做一个case study，系统地评估一下这种合作带来的正负面用户体验、出问题的几率，防范的措施以及应急预案。告诉我如果出问题，最快可以在几秒钟之内发现并解决，这几秒钟会有多少点击受到影响，我们再据此判断这类合作该不该做。”

这番话让小易沉思了很久。后来和别人分享这个案例时小易说出了那一刻的感悟：“那一刻，我忽然明白什么才是作为一个领导者的思维方式，我们只盯着这件事情怎么解决，如何影响最小。而Robin想的是如何系统地解决一类问题，用流程让项目有序进行，将突发状况和人为因素对结果的影响降低到最低限度。”

■ 十分钟之内提供数据

小志第一次听说“十分钟内提供数据”头都大了。这怎么可能呢？才到商业分析部不久的小志觉得百度真是有些苛刻，因为他总能看到这样的任务，“昨天的收入好像有问题，十分钟之内告诉我什么地方出了问题”，“有部门要五年以来联盟客户数量增长特点，十分钟之内给他们”。过去的数据处理经验告诉他，十分钟连找数据都不够，更不用谈分析了。

但在商业分析部，他真的做到了十分钟内提供数据。这不是因为他的能力提升了多少倍，而是这个部门很早以来就建立了一套business intelligence system，里面整齐保管着来自相关部门的数据，分门别类，就像一个大图书馆，架构十分清楚。自己需要做的，仅仅是输入需要的字段，各种数据便一目了然。

小志不禁感慨：以前的百度人帮我做了五十分钟，所以现在，我只用十分钟就足够了。

一个系统的解决方案会抢回多么大的时间价值呀！

流程，是保障高效率执行的法宝。如何在企业内将知识积累传递，摆脱对特定的人的依赖？如何解放人的劳动力与创造力，从而使现有资源与人力达到更高的生产效率？流程的不断梳理与再造，将手工活计不断纳入流水线，将人脑中的经验不断写入企业记忆库，这其实是企业自己每一天的功课。与其今天得过且过，依靠某天请哪个万能的咨询公司来量身打造一个新的流程，远不如让每个员工提高用流程解决问题的意识，将这一文化融入每一件工作之中，肯定是事半功倍的。

从另一个角度理解，许多创业者都有这样的感触：在企业的生命周期中，最难平稳渡过的一个阶段是从“做项目”到“做企业”的转变阶段。一家公司拥有独特的商业模式或者企业文化，却发现这种模式和文化的推广与复制成了难题。按照企业的生命周期理论，当企业渡过初创期后，就会进入快速成长期。在“快速成长期”，企业的规模会迅速壮大。此时，必须用流程确保高效率。简单地讲，就是把个性流程化，然后，进一步让流程个性化。End

17 你不是孤军

一个高效的组织，应该讲究协同作战，作为组织中的一员，在做项目的时候，应该想到，你拥有的不仅仅是自己部门的资源，身边很多其他部门的资源都可以为你所用；而在你的日常工作中，也应该随时想到，自己的工作是否可以为身边的其他同事或团队提供帮助。当组织中的每一个成员都这样做的时候，这个组织的整体效率就会是最高的。

2004年中期，百度经过“闪电行动”已经占有了40%的市场份额。但负责网页搜索团队的崔珊珊对此并不满意。她对整个团队说：“今年的每一天，咱们都要处于踩满油门的状态，一定要在中文网页搜索质量上再上一个台阶，把对手彻底甩开。”

然而一段时间的高强度开发上线之后，崔珊珊发现，对手咬得很紧，百度的每一个改进很快就被对手追上，距离很难拉开。

一天，她把这个苦恼告诉了Robin，向他求计。听到崔珊珊的疑问，Robin竟然一点儿也不意外，原来他早就注意到这个问题了，似乎早已等着崔珊珊的提问："从网页搜索角度来说，你们确实已经尽了最大的努力，但是别忘了，你不是孤军，除了网页搜索，我们搜索新产品部门还在开发百科、知道等很多新的产品，如果那边的产品出来了，你这边的压力就会大大降低，轻松很多。如果把这些产品的协同作用都发挥出来，我们的用户体验就可以比对手好很多。"

崔珊珊听了大喜："对啊，我怎么没意识到这点呢，我们应该协同作战。"她马上回去组织网页搜索部门与搜索新产品部门共同立项，基于新架构从这些社区产品里由网友所创造出来的内容中，找到最快达到用户需求的捷径。用户体验和满意度都得到了立竿见影的提高。

依照这个思路，网页搜索不断推出结合新产品的升级，很快，百度在中文搜索的市场占有率从40%上升到50%、60%、70%，一年上一个台阶，牢牢占据了市场的主动权。

■ 从天而降的短信平台

2009年春节前，内部沟通部的小琦接到一个任务，通过短信，在除夕的中午向全体百度人发出“百度当晚将通过春晚向全国人民拜年”的好消息。

接到这个任务，小琦马上打听如何建设短信平台，结果了解到建一个短信平台很贵，现在走申请审批和追加预算的手续已经来不及了。为了向几千人发短信，建一套可以服务十万多人的短信平台也实在不太划算，审批可能就更不容易了。虽然有几家公司都同意可以免费试用一次，但免费试用万一不靠谱怎么办？这下可把小琦难住了。

穷极生变，小琦忽然想到，百度公司向客户或商户群发短信靠什么呢？会不会存在着这样的平台可以一用？几个电话打完，小琦得知百度“有啊”有一套可以借用的短信平台，但这个短信要在除夕中午发出，就意味着“有啊”的同事们要为此在大年三十加班，这样的麻烦事儿，人家还愿意帮忙吗？

抱着惴惴的心情，小琦找到了“有啊”的同事们说起此事。没想到，从总经理李明远、经理封虎到执行层的每个人，都是一个口吻地爽快答应下来。在一路绿灯之下，流程很快打通，当天就确定了短信群发的具体方案。

除了邮件的反复确认，负责操作的刘嘉同学还主动打电话来追问相关细节，言语中听不到一句怨言，而且，自始至终是以对待客户的服务标准与态度，极尽仔细负责地完成了这项工作。

大年三十， 所有百度人都如期地收到了祝福的短信，正在家中与家人团聚的小琦打电话给刘嘉："短信收到了，你们的敬业与协助精神让我感动。"刘嘉与其他几位"有啊"同学此时还未离开公司，他开心地说："大家都收到了就好啦，别客气，这是我们应该做的。"

这件事之后，小琦在和新员工提起百度文化时，常会深有感触地说："在百度，你一定会经常感到自己不是孤军。"

在绝大部分企业中，无论是企业的员工还是高管，在面对业务压力时都会有一种难以消除的孤独感，觉得自己面对的困难和压力无人能够理解，更遑论分担，甚至会担心别人知道后会幸灾乐祸，落井下石，所以遮蔽犹恐不及，万万不愿人前露拙。

如果这种感觉广泛地弥散在公司里，人们就像一盘散沙，各怀心思营造表面的和气繁荣，对企业效率而言则是大不利，非常危险。

解决这个问题有三个步骤：首先，领导者在建立公司架构的时候，应该充分地考虑，要让每一个人明白，公司内部的每个人都拥有共同的目标和利益诉求，一荣俱荣，一衰俱衰；其次，通过鼓励坦诚和友爱让员工之间建立信任的伙伴关系；第三，要求每一个在能为其他人提供帮助时必须伸出援手，如此，大家才能真正敞开心扉，讲出各自的困惑和难处，并真心地去关注别人的困难与需求。End

18 打破部门樊篱

随着公司规模逐渐增大，本位主义与部门利益高于整体利益的现象也会自然而然地滋生。而这，也必将成为组织发展最大的阻碍。要想让几百人甚至几万人的公司仍然保持小公司的效率，公司各阶层的管理者们就必须不断去打破那些部门间的围墙与疆界。

2007年，百度年会上颁发的总裁大奖和最佳团队奖具有明显的风向标意义，获得大奖的三个项目：校园招聘、品牌专区和CRM（客户关系管理），无一例外，都是跨部门合作的项目，每个项目都有数个部门多达几十人共同参与完成。

其实，2007年百度的整体业务都发展得非常好，销售业绩持续翻番，投资者关系、公关、法务等各条战线也取得突出的成绩，很多部门的事迹都在年会前上报给人事部门，具有获得大奖的潜力。据说，在究竟选出哪些项目授予年终大奖，人事部门成员之间发生了激烈的辩论。

大奖颁布后，Robin在年会上道出了这三个项目最后胜出的原因——他们优秀的跨团队合作为打破部门藩篱树立了典范。尽管其他团队都很优秀，但Robin希望通过大奖提醒公司全体员工，今后一段时间，如何预防和医治百度的“大公司病”将成为大家工作的重心之一。

2007年，经过七年的发展，百度已经从七个人的创业小团队，成长为一个拥有数千名员工的“大公司”。但随着公司规模的扩大，一些问题也逐渐凸显出来。一天，有位总监来找Robin审批文件，皱着眉头发了一番感慨：“这个跨部门项目要是沟通顺畅，两个星期就能完成，可是个别部门总是和我们想法不一致，结果整整拖了一个月，咱们现在的沟通成本越来越高了。”

发现问题，解决问题。此后，细心的人发现，Robin开始将注意力特别投向一些跨部门合作项目，每当总监经理们谈及内部沟通方面遇到的问题或解决方法时，他会听得特别认真。年会时，Robin又利用颁布总裁大奖的关键时刻，为全体员工上了一堂深刻的管理课。

此后，所有“最佳百度团队”大奖的评定中都增加了一条隐性标准——是否能与其他部门打破边界无障碍合作。这，只是一个开始。

在2009年7月的战略沟通会上，Robin又一次提起这个话题，他告诉我们："很少有一家公司像百度这样，7000人只做一件事，那就是搜索，所以我们之间没有部门利益，只有整体利益。请大家时时记住Break all the walls。"

■ 一场漂亮的闪电战

2007年，品牌专区团队创造了一个奇迹。短短三个月的时间，一个具备巨大盈利增长点的广告新产品——品牌专区，新鲜出炉。

当初，商业分析部在总监会上提出了想法并得到了人事部门的支持，品牌专区项目小组正式组建起来。

刚刚从学校毕业的雯雯同学进入商业搜索产品研发部门不到两个月，就参与到产品开发中来。商业分析部同事在前期提供了最棒的创意，大客户广告销售部门很快也带来了客户源，产品团队积极地来出谋划策帮助把用户界面做得更友好，再加上其他兄弟部门的协助，雯雯所在小组，用短短两周时间，就把产品市场需求分析报告做好了。

每一次开会，来自不同部门的同学都从自己的职责出发，时常争得不可开交；但在最终决策时，大家都能跳出部门利益，不计个人得失，秉承一门心思把产品做到极致的精神工作。这样的工作氛围，让雯雯感到动力十足。

紧接着，就是一个月紧锣密鼓的开发测试。正值十一假期，许多员工放弃休假来公司连日加班。当第一个点击产生时，雯雯和同甘共苦三个月的兄弟姐妹抱作一团，大家高兴地跳起来。

从8月3日商业分析部头脑风暴，到开发、测试、销售，直至11月2日第一个客户广告上线，“品牌专区”前前后后一共有13个部门近40位同事参与进来，包括VP沈皓瑜。

如果没有各个部门的齐心协作，如果没有“整体利益为大”的意识，根本不可能打响这场漂亮的闪电战。

几乎所有的公司高管都会对部门之间的隔膜深恶痛绝。当公司各部门的leader坐在你面前开业务协调会时，他们看起来不像是一个拥有共同目标的团队，倒像是一群各自诉苦的孩子。如果上述情形出现，毫无疑问，公司已经出现了严重的机能障碍。想想看，相比公司这个大团队，部门经理们是不是更看重各自的小团队利益？《孙子兵法》里曾经提到“常山蛇”，这种蛇“击其首则尾至，击其尾则首至，击其中则首尾俱至”。一个部门之间高筑“柏林墙”的公司，很难不因为内耗过多而作出反复无常、鼠目寸光的决策。End

19 主动分享

一个人的知识与阅历再丰富，其覆盖面也总是有限的，在一个真正的团队里，每个人都应该向后来者无私地分享团队已有的知识、经验与教训，让他/她站在前人肩膀上迅速成长。如果每个人都能做到主动分享，员工在一起就不再是加法，而是乘法了，团队的效率与“智商”才会不断提高。

2004年初，负责百度商业搜索产品研发（简称Ecom）的子正遇到了个挠头的问题。

随着百度商业产品的发展，原来推广结果的精确匹配模式已经不能再适应客户的需求了，Ecom准备立项开发“智能匹配”系统，希望只要是跟用户搜索的关键词匹配的相关推广结果，都能呈现出来。这个匹配的相关性，就成了这项任务成败的关键。

让子正着急的是，Ecom之前的经验主要是如何搭建商业产品的管理信息系统，怎么“把关键词给匹配好”对他来说完全是个新课题，不仅要从头摸索，而且无从下手。他正在发愁，Outlook里飞来一封邮件，来信者不是别人，正是Robin。

Robin在信里说：“在相关性方面，网页搜索（PS）和搜索新产品（NS）团队都积累了不少研究成果，Ecom不必再从头摸索，可以向他们请教。”邮件也抄送了PS和NS的相关同学。

子正皱了几天的眉头一下子舒展了，赶紧开始给PS、NS写信约时间当面请教。谁知这信才写了两行，PS团队的邮件就跟来了：

听说ECOM的新项目也涉及相关性了，PS多年来在这方面有不少积累，包括分词等基本问题都有很好的解决方案，在xxx能够以基础库的形式直接调用；这些积累还包括一套能提高查询串与一段文本的匹配相关性的方法，具体是……；

做相关性一开始可能会遇到xxx问题，还可能有xxxx困难，其中xxx是最重要的。……

子正后来对团队里的工程师说，看到这封信，简直就像张无忌遇到《九阳真经》，“乾坤大挪移”的神功开始在他脑子里从一团虚无缥缈，转化成代码雏形。

这时，桌上的电话响了，是NS的一位经理打来的：“嗨，子正，你们也开始做相关性啦，我们当时做的时候，从PS那学来好多东西，我们又发展了一些，我们有个内部培训的PPT，你看你什么时候有空儿，我们给你介绍一下吧。”

“好啊，谢谢！谢谢！”子正真是乐坏了，赶紧定了时间和会议室，这邮件里也不用过多地客套了，直奔主题，约好大家一块儿讨论就是了。

开完会，子正激动地回信给Robin：“PS和NS的同事真是太好了，他们提供的那些‘相关性’的经验教训，让我们感觉自己一下子站到了‘巨人’肩膀上，现在我们对完成任务已经有了信心和思路！”

不久，Robin回信了：“很好，Ecom在相关性方面取得的经验教训，也请主动拿出来和其他团队分享。每一次分享，都会使百度更快更强。”

要问百度人这种主动分享的精神从哪里来？还得从七剑客时期说起。百度刚刚创立之时，Robin就把“主动分享”的习惯赋予了它。他常常跟大家讲：“无论你是获得了新的知识、教训还是遇到了困难，都应该拿出来与大家分享，不要让别人重走弯路，这样我们的速度才能更快。”

在Robin的带动下，百度人都很话多，早上，聚在小会议室吃油条豆浆的时候，会嘻嘻哈哈带点儿自嘲地分享昨天某某写代码时犯的错；工作中突然遇到一个问题，卡住了，就去打扰一下身边的同事，一起辩个结论出来；独自在家时突然产生了一个重大的灵感，马上打开电脑梳理思路，兴奋地给大家群发个邮件请求拍砖……

这样的故事日复一日、年复一年地在百度发生着，于是，主动分享就成了每个百度人的习惯。

■ 你的，是我的，也是大家的

百度NSTC（分技术委员会）前主席辐敏说：你的，是我的，也是大家的。有分享的心态，也会带来进步的空间。

百度搜索引擎是一个庞然大物——多大呢？辐敏也说不清，而且，更重要的是膨胀的速度很快，每一个工程师，或一个小team，或一个项目部门只在中间营造一个自己的“小窝”。每一个小窝当中，隐藏着多少独特的智慧啊。而这许多智慧之间，存在许多共通性技术，是可以拿来给大家共享的。这不，辐敏就当上了第一任NSTC主席，她要做的工作，就是鼓励大家：你的，是我的，也是大家的——季度的技术点积累制度，topic制度等等，将大家的智慧与经验拿出来分享，促进技术的交流，也避免重复问题的再犯或重复建设。

这个“NGO”（非“政府”组织），却是百度“官方”非常重视的组织，而且，从一开始，就受到工程师们的追捧。许许多多工程师在其中获得许多别人的智慧，也给出了自己的成果，大家进进出出，留下的智慧库却越来越大。更重要的是，这个宽泛性组织，让许多“志同道合者”走到一起，又研究出许多对大家有用的通用性技术给更多的团队来分享……

很多在这里分享到的成果后来都被工程师们应用到百度各条新产品开发的战线之中了。分享，始终是每一位百度人在百度感受到的最温暖与最快乐的事。

人类原本就有分享的天性，但这种善良的天性又是最容易被扼杀的，当你的善意分享被人看成多此一举而忽略不计，当别人的经验对你三缄其口让你投桃得不到报李……久而久之，职场上的人似乎都变得不大爱跟别人分享自己的经验教训，分享的内容更多倾向于八卦。

这就是管理者要主动出击的一件事了，作为消解部门樊篱的一种有效手段，我们应该在公司里建立一种“主动分享”的文化，甚至用绩效考核机制激励员工和经理们这样做。主动分享尤其适合中国公司，因为中国人为人处世的信条中总是相信“滴水之恩当涌泉相报”。有趣的是，只要开了头，这种“主动分享”的文化就会像永动机那样，自行运转和扩散开来。End

Part 5

驭人

一定要找最优秀的人才

给最自由的空间

证明自己，用结果说话

一个人最重要的能力是判断力

每个人都要捡起地上的垃圾

百度不仅是李彦宏的，更是每一个百度人的

20 一定要找最优秀的人才

企业对人才的选择往往决定这个企业能走多远，如果要做一个世界级的优秀企业，那就要力争在全世界范围内找到最优秀的人才。

2003年底，时任上海分公司总经理的任旭阳问Robin，百度走到今天成功的主要原因是什么？

Robin说："这事我还真想过。大概有这么三条，第一是专注，第二是商业模式的适配性，第三是人才。"

Robin补充说："我一直是找比我厉害的人，找业界最强的人。每当有一个位置空出来的时候，我马上就想，如果全世界的人随便我挑，我会让谁来坐这个位置，第一候选人是谁，第二候选人是谁？我们要尽可能让最优秀的人加盟百度。"

这个故事被另一位上市公司的老板听了，老板连连赞叹，"李彦宏了不起！"有人问："为什么？"老板说："我招人，眼睛最多盯着中国，不会想到全世界，可李彦宏挑选人才，一开始就站在全球高度上了。”

事实的确如此，正是Robin的全球选才之道，使百度拥有了越来越多的顶尖人才。两任CFO就是典型的例子。

2004年初，Robin希望公司建立起严格的、可以公开透明的财务制度，为公司在美国纳斯达克上市做准备。他需要一位好的CFO，便委托全球最顶尖的猎头公司海德思哲(Heidrick & Struggle)在全球范围为百度找到一位这样的人。

海德思哲找来了很多人，Robin一轮一轮地面试，都不很满意。直到有一天，当时是普华永道亚洲区合伙人的Shawn（王湛生）出现在Robin面前，在谈了两个小时后，Robin意识到，这个人就是当时百度能在业内找到的最好的人选。因为这个人不仅财务好，而且年轻，又是个网虫，他看得到互联网的前景，也知道搜索引擎的价值所在，更为难得的是，还是个非常富于创造力和激情的人。

那天Shawn急着要去赶飞机，所以两个人匆匆道别。

Shawn刚出门，猎头公司的人打来电话，兴奋地对Robin说：“我们又找到了几个候选人向您推荐，什么时候您有空儿可以安排见面？”李彦宏笑了笑，说：“后面的不用见了，我已经找到了最好的CFO。”

Shawn加盟百度之后，用百度在纳斯达克上市的精彩一幕向全世界证明了李彦宏的眼光，他的确为百度请到了全世界最好的CFO。

遗憾的是，Shawn在2007年底因一次意外不幸去世，这对百度是极大的损失。

这时的百度已经很有名气，许多猎头公司都盯着百度这单大生意，一些在此行业中颇有资历的人也主动找到Robin想来坐这个位置。

Robin心中虽焦急，却自有他的方寸——百度已经上市，公司大了，财务制度的规范透明已不成问题，而财务管理控制成了头等大事。

一个偶然的机会，他拿到了Jennifer的简历，这个人虽然没有互联网行业的相关背景，但推荐人告诉他，这位在通用汽车金融公司主管财务多年，并担任过中国通用汽车CFO的中国女性，有着大型公司财务管理与成本控制的丰富经验，而且极为敬业。Robin眼前一亮，他立即与Jennifer约定在圣佛朗西斯科见个面。

这次专程的美国之行中，Jennifer的职业精神给Robin留下了深刻印象。通用汽车金融公司的办公地点在底特律，为了既见Robin又不耽误工作，她安排了当天往返的行程，来回一共飞了十个小时，而面谈只进行了两个小时。

Robin回国后不久，Jennifer就加盟了百度，在此后的一次公司内部沟通会议上，Robin开心地与大家分享了请来新任CFO的经历，他说："我相信，这样一个高职业技能和职业素养的人，一定能把百度的财务管理带到国际的高度。"

在2008~2009年全球经济危机来临之际，Jennifer用她优秀的财务管控能力，为百度向纳斯达克交出了令人信服的业绩；不仅如此，更以她出色的沟通能力，让投资人重新认识了百度的价值，对百度充满信心，在市场仍然一片肃杀之际将百度股价推上了新高，为纳斯达克留下一抹惊艳的中国红。

正如这两任CFO，今天的百度，力争在每一个岗位上都找到最优秀的人才，这也是百度能取得成功的最主要的原因。

■ 两年等一人

2006年9月底，任旭阳正式接手兼管公关部。他认为，想要把公关业务做好，首当其冲就要找到最优秀、最专业的公关人才。经过一番调查，他把目标瞄向了国内IT业第一品牌——联想。

2006年10月中旬，任旭阳遇到了时任联想集团高级公关总监的朱光，发现这个人对企业品牌和公关传播的见解非常深刻。一个月后，任旭阳开门见山地邀请朱光加盟百度，但遭到了明确的拒绝。

2006年11月17日，李彦宏邀请百度所有总监去家里开生日party，唯独任旭阳没有出席。原来，他又去找朱光了，两人相谈甚欢，任旭阳再次提出邀请，但又一次被拒绝了。

因为此时，朱光在内地企业公关与品牌传播领域有很高的声誉，在联想已经九年的他曾为联想的品牌传播立下汗马功劳，无法说走就走。再次被拒绝的任旭阳只有先放弃，转而去找其他人选，但并没有中断与朱光的接触，在接下去的两年内，任旭阳每两三个月就约见朱光一次。

2008年7月，任旭阳与朱光已经成为了高度信任的好朋友。这个时候，任旭阳再次对朱光发出邀请。朱光坦承，百度的品牌已经进入了良性上升的轨道，自己过去后也没有太多事情可做，对于缺乏挑战性的工作，不太感兴趣。任旭阳也很坦诚地告诉他，百度随着国际化的展开，市场营销领域还面临巨大挑战。这一次，朱光被打动了。

2008年7月底，在任旭阳的安排下，Robin与朱光见了面，彼此谈得很投机。2008年10月31日，朱光正式签约百度。此时，距离任旭阳第一次去见朱光，已经过去了两年。

历时两年，无数次被拒绝，无数次沟通、说服，只为请到业界优秀的人才，回忆起这段经历时，任旭阳说，之所以这么做，多年前Robin的一句话对自己影响巨大："一定要去请你能找到的全世界这个领域里最优秀并且最适合百度的人，因为优秀的人才是无价的。"

"一定要找最优秀的人才"，这句话很多人会说，但很少人会做，因为自古以来，人们都很怕找到比自己强的下属，这似乎是职场大忌。但在百度却每天发生着这样的事。他们在用人上有一个C、B、A原则，即每当团队里有了空缺，Leader们都会去在全行业找尽可能优秀的人——而且往往是比自己更优秀的人来做。这逐渐成为了百度考核职业经理人管理才能与业绩的软性标准。当这样的做法蔚然成风之后，百度的经理们发现，每个人并不会因此而背上比找略逊于自己的下属更多的危机感。因为下属在某些专业上越强，Leader被分担掉的工作就会越重，Leader便能腾出手来看得更远，想到更广，学得更多，部门业绩肯定会更强，自己的压力自然变小，空间也更加宽广了。End

21

给最自由的空间

所谓管理者的职责，就是为优秀人才搭建一个自由、宽松的平台，因为人只有在自由的空间里，创造力才能真正释放出来；也只有在独立自主地面对与解决问题的过程中，才能得到最高速的成长。

上班第一天，办公室还在装修，大家聚在Robin住的酒店房间里一起兴奋地讨论公司成立后，需要定一些什么制度。

Robin不假思索，脱口说：“不能带宠物来上班，不能在办公室吸烟。”

“就这么两条儿啊？！”大家面面相觑，有些不解，以为Robin在开玩笑，“公司将来会越来越大，这哪儿够啊！”

“就这两条儿，我觉得已经够了。”Robin很坚决地说。

一晃十年过去了，百度总部的员工已接近3000人，规矩还是那么两条，几千号人都在“自由”地工作：百度实行“弹性工作制”，员工可以自己安排上班的时间，可以十点半才到单位；可以趿一双拖鞋出席任何级别的会议；可以上班时间跑到休息室睡上一大觉；可以在MSN上坦然地聊自己的私事。

然而，百度的自由并不仅仅是给予员工工作时间的自由，而是给所有员工更大的舞台。对管理人员，Robin经常提醒他们，“一定要充分授权，可千万别大树下面寸草不生啊，要让你们团队中的每个人在自己的职责范围内都拥有处理事务的充分自由。这样，他们才能更快地成长起来，整个团队才能一天比一天强。”

Robin说，他和公司每一位管理者的职责就是给大家提供一个宽松、自由的平台，让大家在这个平台上心无旁骛地尽情发挥创造力，自由奔放地施展才华。

事实证明，自由的空间并没有让百度的员工变得懒惰散漫，大家回报的是忘我的工作激情。

1999年的一个冬日，两位潜在的投资人突然来到北京，给Robin打电话说想来看看公司。当时公司还几乎什么都没有，但是人家既然提出来，Robin就带着他们到北大资源宾馆两间简陋的办公室看了一圈。送走了投资人，Robin并没抱太多希望。殊不知，这两个精明的投资人并没有离开，而是在夜色中悄悄返了回来，从窗外观察着百度，他们看到的是那两间办公室的窗口都还灯火通明。他们后来告诉Robin，那时，他们相视点头，达成了共识——投资给这样的公司，错不了。

直到今天，百度的规则仍然是可以自由决定上下班时间，但是，每天深夜，百度的办公区里依旧会有很多人在埋头工作。为的就是让产品更早地上线，为客户提供更好的推广方案……员工们已经习惯了在自己休假时也随身带着笔记本电脑，随时准备上网收邮件处理突如其来的工作，有些员工甚至带着自己的帐篷到公司加班。自由，使每个员工都更愿意把自己当成这家公司的主人。

■ “百度式生长”

2004年，李明远刚来百度时，他还只是中国传媒大学的大三学生，身任“一塌糊涂”BBS站长多年的他，凭着对网络社区的深刻见解，成为了百度贴吧的一名实习生。

那时，“贴吧”刚创立不久，还有些人丁稀落，进入百度的李明远在琢磨，如何让贴吧“人丁兴旺”呢，于是，他起草了改组贴吧管理架构的计划。连他自己都没想到，这份计划被公司原封不动地采纳了，甚至包括里面的薪酬和考核制度。这时，他才是进入百度两个月的实习生，刚读大四。因为李明远“百度最懂得搜索，但你最懂社区”，不久后，他被任命为百度产品经理，负责贴吧部门。

李明远接管贴吧时，其流量占百度流量的1%，经过半年多的努力，贴吧流量已占到百度流量的11%。这时，在社区方面，他已远远走在整个中国社区的前端，因此，他又升任高级产品经理，负责整个社区产品。是时，他大学本科还没毕业。

李明远的研究领域由社区进入C2C电子商务，公司又给他更大的任务——发展百度的电子商务。2007年6月，才24岁的李明远受命负责组建电子商务事业部。

这是百度的第一个事业部。

11个月后，百度“有啊”和“百付宝”上线。现在，李明远已经是百度总监级的总经理了，他年仅27岁。

比找不到最优秀的人才更糟糕的事，莫过于请来了高手却留不住。如果他是真正的人才，就一定需要有足够的空间和充分的时间来施展才能，证明自己。所以作为上级，一定要敢于放权。这需要上级一方面有足够的胸怀容得下对方提出相左的意见，同时也需要有足够的耐心和勇于担当的气魄。如果相信他是最优秀的，那么就应该让他按自己的想法去执行，只须给予适当的提示和指导，然后稍安勿躁，等着他来交出结果吧。End

22 证明自己，**用结果说话**

评定一个人是否称职或是否应该被提拔的最佳方法只有一个，那就是先给他一个平台、一份责任，看他是否能拿出实实在在的工作成果来证明自己。

百度的高管团队中有很多来自全球明星企业的资深管理专家，但也有很多从基层提拔起来的“草根”，主管渠道业务的副总裁史有才就是“草根”中的一位。

2002年初的一天，在公司内部销售团队会议上，Robin请大家谈一下本年度各自的销售目标。有人说50万，有人说100万，对于这些目标，Robin都没有表示肯定。有一位同事半带开玩笑地说，“那就定到200万，翻它几番！”大伙“哗”的一下笑了起来——要知道，从2001年9月推出竞价排名模式，到2001年12月，百度在搜索推广上的收入一共才12万元左右。从12万一下子增长到200万？这简直是放卫星啊。

但是Robin并没有笑。这时，刚刚以销售经理身份加盟百度两个月的史有才问Robin，“那你心目中合理的销售目标应该是多少？”

“600万！”Robin平静地说，接下来他仔细分析，2002年，百度的产品和技术部门决心都很大，预计用户流量会增长很快，因此为销售创造了很大的提升空间。“产品和技术团队做得很棒，销售团队也要用结果来证明自己。”Robin说。

虽然目标看起来那么遥不可及，但Robin 的分析合情合理，史有才也从Robin坚毅的眼神中找到了信心，立即大张旗鼓地组建销售团队，制定新的销售政策，马不停蹄地奔走于全国各地，寻找最优秀的代理商。

到2002年12月盘点，百度当年的销售额达到了580多万，这个大家曾经觉得不可思议的目标居然差不多实现了！

中国的搜索事业还刚刚起步，百度平台给每个人的发展空间都非常大。知道自己能飞多远，史有才更是刻苦努力地来证明自己，连续几年，史有才带领渠道销售部每年业绩都至少翻一番，他很快被提升为渠道部总监。2007年6月，史有才晋升为高级总监；2008年底又晋升为公司副总裁。

在百度，每当有员工找Robin要求升职、加薪时，大家都知道，从Robin那里得到的通常不会是官儿或钱，而是一个平台、一份重担，然后说："拿出业绩来，证明自己！"事实也证明，每一个在百度以业绩证明了自己的人都获得了应有的回报，成为百度的中坚骨干。

上市之后，百度进一步向国际化大公司迈进，也有很多世界知名公司的各类优秀管理人员加盟。但在Robin"证明自己，用结果说话"思想的引导下，很多人在加盟百度时都比在原来单位"降半级"，在百度平台证明了自己之后，既赢得周围同事的尊重，也迅速获得提升，迎来事业上更大的发展空间。

■ 由高级经理挂帅的凤巢

2001年来到百度的小丽可谓是百度的"老人"了，多年来她与百度的搜索推广业务一起成长，历任产品助理、产品市场经理、高级产品市场经理等职位，负责百度商业平台类和运营类产品建设。

对百度人来说，高级经理再向上发展，就是总监级别了，要突破这个天花板完成一次成长，难度相当高。百度对总监级别的视野、业务判断力、管理能力等都有非常高的要求。

2007年10月，百度决定做凤巢。王湛找到了小丽。"小丽，你是最早调研和提出'凤巢'理念的人，竞价排名这个新系统的开发能不能由你挂帅主导？”

小丽有点儿意外：“这么重要的项目，由我来负责行吗？公司里同等重要的项目，至少都是总监领衔的。”

“那你觉得自己能完成吗？”王湛反问了一句。

小丽想了想，很确定地点点头说：“我尽最大的努力，应该可以完成任务。”

“那就做出业绩证明自己的实力。”王湛那总是带着微笑的眼神里传递出无限的鼓励与期许。

接下来的一年半时间里，小丽带领整个搜索推广产品团队，开始了竞价排名产品进入凤巢时代的坚实努力：2009年4月，顺利完成了“凤巢”系统的上线工作，完全达到了第一阶段产品目标。同时，小丽带领团队建成了以产品设计、产品策略、产品研究有机结合的部门组织架构，发展和完善了一系列的工作流程和工作模式，培养出了多个主管和经理，为竞价排名产品的高速发展奠定了坚实的基础。

2009年6月29日，大家的邮箱里收到一则晋升通告：“从2009年7月1日起，小丽从高级经理晋升为副总监，继续全面负责百度搜索推广业务的产品管理工作。”

“证明自己，用结果说话”，敢说这句话的

管理者肯定是唯才是举的。因为要让属下证明自己，首先就得敢于给他更重的责任，而且大胆放权。同时，说出这样的话之后，如果属下用优秀的结果证明了自己，就要提拔重用——也许这个人的性格不被喜欢，但仍然要言出必行，勇于兑现，不能让干活儿的人吃亏。由此，可以看出李彦宏的理性远远胜于感情，能够放下个人喜好与亲疏关系，完全以能力、业绩的标尺来衡量和任用人才，这听起来简单，却是很多管理者最难做到的事。End

23 一个人最重要的能力是判断力

面对快速变化的外部环境和快速发展的产业，如果能及时准确地把握产业机会，就可能规避风险并快速获得成功，这一切都取决于一个人的判断力。

“你们不让百度做独立搜索引擎，那我也就不干了。”2001年，在时任百度深圳分公司总经理刘计平的办公室，Robin正通过电话参加董事会议，几乎从没发过火的他低沉着声音说。

正是在这次会议上，Robin首次提出百度转型做独立搜索引擎网站、开展竞价排名的计划。然而，令Robin始料不及的是，这个提议遭到股东们的一致反对。

股东们之所以反对，一是因为对搜索行业不是特别熟悉，对竞价排名的商业模式不是特别理解；二是因为虽然Goto.com在付费排名模式上取得了一定的成功，但毕竟刚刚开始，未来可能存在一些不可预知的风险。在全球互联网行业还在遭遇寒冬的大背景下，百度不如稳扎稳打地做好目前的工作，少冒险少犯错误。

更重要的是，当时百度的收入全部来自给门户网站提供搜索技术服务支持。如果百度转做独立的搜索引擎网站，那些门户网站不再与百度合作，百度眼前的收入就没了；而竞价排名模式又不能马上赚钱，百度就只有死路一条。从投资的角度看，股东们的小心谨慎是可以理解的。

这次会议气氛非常紧张，大家争论得很厉害，Robin想尽一切办法去说服投资人，在电话里与董事们沟通了几个小时。以前，大家对Robin的印象是冷静、理智，很少大声说话，但这次在与投资人争论时，他变得前所未有的激动。后来谈到这次"大闹"董事会的经历时，Robin说，当时他觉得公司发展到了一个关键时刻，必须坚持自己的判断和观点。尤其这关乎百度未来发展的大方向、大问题，更是不能马虎。

当然，投资人最终被Robin说服，同意了百度的转型。2001年9月20日，百度正式推出了面向终端用户的搜索引擎网站www.baidu.com，百度竞价排名系统也正式上线，百度中文搜索引擎正式诞生。这是百度发展史上具有里程碑意义的时刻。从此，百度从"在你成功背后”逐步走到前台，直接为用户提供服务，并迅速成长为全球最大中文搜索引擎。

不得不说，百度今天的成功，很大程度上取决于Robin个人的判断力。

Robin的判断力，固然跟天赋不无关系，但很大程度上也是Robin长期有意识培养和锻炼的结果。在他还是美国硅谷的一名工程师的时候，Robin就潜心观察互联网产业动态，将重要的心得记录下来，这些故事后来编辑成了著名的《硅谷商战》一书，总结了美国互联网发展的经验教训，为Robin在中国的创业提供了宝贵的判断和决策依据。

“一个人最重要的能力是判断力，”Robin在多个场合强调这句话，而被他亲自面试过的人都知道，这个CEO问的问题和别的老板不太一样，他给对方出的几乎全部都是判断题。因为互联网充满活力，瞬息万变，唯有在任何一个关键岗位上都找到具备卓越判断力的人才，百度才能以最佳的状态应对行业中突如其来的变化——既抓住机会又少犯错误。

■ 被质疑的知名公司

2008年中的一天，百度的客户——一家非常有名的跨国公司向百度信控部提出，希望申请一个时间比较长的回款周期。

客户很理直气壮，“我们公司的市场知名度和市场地位都这么高了，百度有什么理由不信任我们？”

负责处理这个客户的小王，加入百度信控部不到一个月，他的工作就是在风险可控的前提下，利用信用工具帮助公司扩大销售。小王觉得客户这么要求有道理——如此知名的大公司付款能力肯定没问题，应该有资格获得较长的回款账期。于是他批准了这个申请。但案子在由财务部总监韦方复审时被打了回来。

小王很委屈地找到韦方：“你常说我们每个人在自己的岗位上都要有判断力，一个具有如此实力和规模的客户难道不值得延长账期来争取吗？”

“这样大的公司居然要求推迟付款，难道不值得怀疑吗？”韦方反问。看到小王一脸迷茫，继而耐心地对他说，“你看，这样规模的公司肯定都明白账期方面的国际惯例，也应该有一套与之完全接轨的财务方案。如今，他们打破常规用公司信誉来换取账期，显然是非常态的行为，这说明，他们很有可能最近在资金周转上出了问题，如此，对我们来说风险就比较大了，如果再提供更长的回款周期，就会成倍加大我们自身的风险。”

虽然还有些不服气，但小王还是决定去调查一下。几天的调查走访下来，结果让小王出了一身冷汗：

这家公司原来只是金玉其外，因为盲目扩张，目前业务全面受阻，短期现金流非常紧张，如果授予太长的还款周期，非常有可能到时收不回款项，为公司带来重大财务风险。

于是，小王用翔实的论据否决了这个客户的账期要求，客户很不高兴，但小王这回的判断非常明确：财务的稳健安全是第一位的。

2008年11月，全球爆发金融危机，这家公司的财务状况果然急剧恶化，发生了很多坏账。

这件事之后，小王对韦方真是由衷地佩服，他还经常把这个故事讲给部门的其他人听，他说："我们信控部授予客户的周期虽然只是一个简单的数字，但事实上这个数字背后代表着你的经验和判断力，什么都不能想当然，在每一天的工作中，都要时刻努力培养自己扎实的调研和数据分析能力，才能有越来越准确的判断力啊。"

让人意想不到的是，很多成功的中国企业家愿意将自己在商业领域的成就归功于"运气"，或者"大势"，他们甚至认为个人能力在其中只占20%~30%，而"运气"的作用超过60%。比如SOHO中国的董事长潘石屹相信"势比人大"，他觉得个人力量在自己的成功中所占的比重可能远比30%要小，在中国企业界持这种看法的还远不止他一位。潘石屹说："一旦和社会发展脱了节，你马上就会出局。最关键是心态和敏锐的判断。”也就是说，大势成就了中国企业家，而在有限的个人能力中，最关键的是判断力，这种能力让我们能够在纷繁复杂的局面下把握方向，顺势而上。

而对于百度而言，向每一个经理人或员工强调判断力又有着格外重要的意义，因为百度是一家放权的公司，为了公司以最快的速度发展，就要让每个处于一线岗位的人都在自己的领域成为最具判断力的专家，在自己精专的领域，甚至比上司有更加准确的判断力，这样，才既不会因为汇报层级过多而降低效率，也不会让上层的领导因为不了解实际情况而做出错误的判断。End

24 每个人都要捡起地上的垃圾

勿以善小而不为，公司里任何一处小的不完美，都是你可以动手去改善的地方，而对公司而言，如果员工都愿意把公司的每件小事当成自己不可推御的责任，那么这家公司就没有理由不成功。

2008年10月的百度，已经是一个有着7000人的“大”公司了。百度成立的八年里，Robin每天都保持着一个习惯，如果发现自己在百度的搜索结果不那么好的话，他会顺手往bugs@baidu.com的邮件组里“投个条”，就像一个最普通的用户一样，给百度提一些建议。

这天，他正好遇到了bugs邮件组的负责人小萍，于是问了一句，“现在抓bug的邮件组里，百度人自己投的问题多不多啊？”

小萍说，“除了产品部门和QA的同学之外，其实……投的最多的……是您。”

Robin眉头一皱，当上这么个“冠军”可不怎么开心。小萍赶快借机建议，“现在员工越来越多了，可能知道这个邮件组的人并不是很多。如果您能鼓励一下所有员工都来关心一下百度，相信会多起来。”

“鼓励所有人都来关心公司”，这句话，把Robin的思绪，拉到了十几年前。

1994年Robin刚开始在美国华尔街一家公司工作，干了几年，他发现一件想不通的事——他的老板夫妇两人都已经50多岁，家中没有孩子，但他们每年都会去同一个地方度假，这个地方就是迪斯尼乐园。

一天Robin终于忍不住问老板，“迪斯尼是小孩儿去的地方，你们俩都这么大了，去那儿干吗？”

老板笑了笑说，“迪斯尼跟其他的那些主题公园其实没什么差别，但是它里面的任何一样东西，都做得比别人好那么一点点，所以，即使什么都不玩，只是坐在它的长椅上看看书，你也会感觉非常舒服。”

几年后Robin加盟了硅谷的一家公司，这家公司后来恰巧被迪斯尼收购了，Robin在一次迪斯尼老板对员工进行的内部培训中终于明白了这几年一直萦绕在他心中的，关于迪斯尼为什么“比别人都能好一点点”的秘诀——在迪斯尼公园里，你不会看到地上有一片垃圾，因为，公司里的每一个人，从VP到演员，都不会容忍自己看到地上有一片垃圾而视若无睹，“Everyone picks up trash”——“人人都会拾起垃圾”。

在接下来的一次内部会议上，Robin把这个故事生动地讲给了每位百度人，他告诉大家，百度和迪斯尼在这点上很相似，我们也是一家服务型公司，也是要提供更好的服务，自然，需要7000个百度人，每个人都来关心公司，关心自己“分外”的事情，“请大家以主人翁的心态视公司成功为己任，随手捡起那些你在百度的园地里看到的垃圾吧。”

■ 春霞姐的电话追击令

一个周末的早晨，梦乡中的少宇被一阵手机铃声震醒：“少宇，你能上网吗？我发现新闻的检索结果有点儿问题，你看一下！”是“春霞姐”，一个熟悉的声音。

少宇是负责相关技术的工程师，他揉开睡眼，赶忙穿上衣服，电脑还在启动中，第二个电话又来了：“少宇，你看了吗？”急切的语气让少宇顿时痛悔自己：为什么要穿了衣服再开电脑呢？

经过紧急处理，一个bug快速消失了。“报告春霞姐，处理完毕。你检查一下吧。”少宇这才重归他的梦乡。

“春霞姐”，是一个真实的名字，她是QA团队的；但她又不是特指的——她代表了所有时时为百度寻找bug的百度人。百度人，都养成这样的习惯，一旦在百度上发现bug，就会马上一个邮件，或一个电话，向相关同学发出警报，甚至“追击令”，直至bug消失。

在百度人眼里，是容不得bug的。岗位职责有边界，但对公司的责任是没有边界的。

一定要强调这一点，无论员工是高智商的工程师，还是小学文化的农民工。成功的驭人之道可以让每个员工都乐于尽责，甚至对并非本职岗位的事情负责。这能让一家公司发挥最大的潜能，如果不被调动，这种潜能将一直沉睡在员工身上。想要达成这种效果，可能需要在公司内推行三件事：首先，让所有员工知道，公司的兴衰关乎每个人的共同利益。其次，领导人亲历亲为。丰田的创始人丰田喜一郎曾在巡视工厂时面对抱怨机器不运转的技术员，挽起袖子，把手伸进机油中，捞出沉淀物。李彦宏常年如一地亲自寻找bug，与此异曲同工。第三，企业领导人要及时褒奖那些敢于负责，乐于“捡起地上的垃圾”的员工。End

25 百度不仅是李彦宏的，更是**每一个百度人**的

一个成功的企业应该注重营造这样一种氛围，让每一个员工都觉得自己是企业的主人，将个人的事业发展融入企业目标中，与企业荣辱与共。

2003年，虽然百度在技术上已经初具优势，但仍然属于中国搜索市场的后起之秀，流量还没法与竞争对手抗衡。

2003年春节假期后，彼此好久不见的百度工程师们见了面都分外亲切，一边“瓜分”着各人的家乡土特产，一遍聊着天，“嗨，春节回家干啥了？”

工程师小潘走到大家中间，用神秘的眼神扫了一眼每个人，带着得意的表情说：“这次回家，我可干了一件大事！”

“什么大事？”周围同事纷纷把头凑了过来。

“我呀，把百度介绍给了家里20多个上网的亲戚朋友，做了回义务广告，他们都很惊喜，也答应回去之后帮我再向自己的亲友推荐百度，让大家都百度起来！”小潘拍着胸脯，相当得意。

“嗨，我以为什么事儿呢，瞧把你给神秘的，我也推荐了！原来我那弟弟上网只会游戏聊天，然后我就告诉他，上网还可以找很多信息的，用百度就行了，把他乐坏了。”另一位工程师小姜也迫不及待地说。

“我也是我也是！”小李忙不迭插嘴，“现在上网人开始多了，我还跑到网吧里宣传呢，告诉他们百度可方便了，一下子能找到很多问题的答案，建议大家都把百度设成首页。”顿时周围纷纷响应起来。这让小潘有点儿失落，但转瞬又眉开眼笑了——每个百度人都在这样做，这流量还能不升？

一个月后，俞军拿着新鲜出炉的PV统计报告来找Robin，“春节后百度流量又上了一个台阶！”俞军兴冲冲地说，“分析了一下，原因是春节期间全国人口大移动，我们原来的用户在春节聚会里，向家人朋友推荐了他们在百度的好体验，于是节后，就带来了更多的新用户。”俞军顿了顿，乐呵呵地说，“别说用户了，我听说，我们的工程师们，整个春节假期，每个人都自发地在宣传百度呢。”

“是吗，这也是我在春节里天天做的事儿啊。”Robin笑着说。

就在这样的口口相传下，百度的中文搜索市场占有率一路飙升，到2004年底，百度的搜索流量与竞争对手已经不相上下，为取得市场领先地位奠定了基础。

现在，百度已经有7000名员工了，但是百度人对“百度”品牌的爱护却是有增无减。每当百度人遇到推广百度的机会，都会不遗余力地介绍百度；每当看到有威胁百度声誉的隐患，百度人都会立即寻找处理办法。要是听说哪个朋友抱怨百度某个产品哪儿不太好用，百度人就会不厌其烦地为他解释、给他演示，或者把用户意见记录下来发给相关同事参考。无论高难度的技术问题、棘手的广告客户，还是用户发来的每一条使用疑问、产品建议，不管问题大小，“解决它”，是每个百度人最直接的反应。

对此，Robin在一次年会上深有感触地说：“大家真的是让我很感动，让我感到百度不仅是我李彦宏的，它更是每个百度人的。”

■ 偶然？必然！

2009年3月的一天，林桢像往常一样去熟悉的IT论坛转悠。一方面，是为了了解业界的最新动态，另一方面，也是看看网友对公司的评论。

一则调侃搜索引擎的帖子引起了他的注意，帖子里，网友试验了百度和其他搜索引擎的“关联搜索”功能，用诸如“妹妹”、“嫂子”等再正常不过的关键词，两个搜索引擎居然都提供出了一些不雅的联想结果。

林桢心里咯噔一下，他觉得这是个“地雷”，不但给用户的体验不好，也足以引爆社会公众对百度的指责。林桢自己是做投资并购工作的，他并太不懂搜索技术和公关，也不明白为什么会出现这样的问题，但是他知道，百度要为网民提供更准确的信息，每一个百度人都应该主动处理这样的问题，一定要让相关的同事马上处理这一问题。决不能因这样的事让百度的品牌蒙羞！

林桢赶紧给百度的bug邮件组发去了邮件：

发件人：林桢

发送时间：2009年3月4日 15:12

主题：不雅的关联搜索结果

各位好，

有人称在百度搜索以下词汇，有可能有不合适的搜索结果出现。这些词汇是：母，妹妹，姥姥，婶，嫂子，表妹，表姐，舅妈，伯母，姨，姨妈，阿姨。

其中某些关联搜索结果的确不雅。（参阅附件文档)请产品同事核实，判断，调整。

20分钟后，邮件组的同事迅速回信说，已经安排了工程师开始处理这一问题，会在本周内给出答复。

还没等林桢回邮件，bug邮件组里的另一位同学坐不住了，跳出来回邮件并把邮件抄给了网页搜索技术总监梦秋，急切地说，“这些结果让我寒死了”，并催促同事提高优先级赶紧处理。她觉得，这样的问题多存在一分钟，就对百度多一分伤害。

马上，这一问题的优先级被安排到了最高，工程师们立即开会着手解决。他们各个争分夺秒，因为这次处理的，不仅仅是一个bug，而是尽自己对百度的责任。

这一潜在危机在百度人的主动关心下，顺利地渡过了。而且，网页搜索的工程师们将一系列此类问题从此都列入了重点案例。

这事还有后话。

6月，竞争对手因为关键词的不雅联想被曝光，引来口诛笔伐的疾风暴雨。外界有人说百度是凑巧逃过一劫，但是在林桢看来，百度能防患于未然是必然的，自己碰巧第一个发现了这个bug，就算自己那天没上那个论坛，第二天bug邮件组也会接到其他同事的报警邮件。因为每个百度人对百度都怀着赤诚的爱惜之情。

让每个员工成为企业的主人，这不能仅仅是一种空洞的信念，还要通过高超的制度设计来实现。企业领导者应该擅长通过利益的合理分配，实现企业“收益权”的社会化，如此一来就能让员工和职业经理像为自己奋斗一样为企业拼搏。从前，山西票号的名商乔致庸发现，伙计学成之后就会离开独自开设票号，他就意识到，缺乏合理的收益激励，是伙计乐于自立门户的根本原因。乔致庸给伙计设立身股，让他们分享票号发展壮大的好处，从而让有价值的“员工”不必冒风险另起炉灶，也可以有丰厚的收益。

现实中，企业领导者并不一定要僵化地通过收益权的激励，才能让员工真正成为主人公，可以利用的工具还有荣誉感。对于中国搜索引擎界的领导者百度来讲，李彦宏实际上是搭一个平台，邀请有着共同理想爱好的专业人士来合作一件伟大的事业，让每个人利用这个平台实现自己的梦想，从而分享到企业成长和为社会贡献价值所带来的巨大成就感，这同样能让员工拥有主人翁的心理位势，从而打造出人人尽责、人人把企业发展与个人命运紧密结合的一流团队。End

Part 6

察势

用户需求决定一切

听多数人的意见，和少数人商量，自己做决定

帮助别人，成就自己

公司离破产永远只有30天

26 用户**需求**决定一切

如果你的技术是不被市场所需求的，那么它的价值就会很低。不要为了自己的喜好或虚荣心而开发炫酷的产品或技术，决定一个产品好不好，一个技术是否有价值的，永远是用户，他们有需求，你就做，他们没有需求，你就不要做。

2003年，美国最大的卫星图像供应商通过关系找到百度，希望向百度提供优质的卫星图像，帮助百度建立一个自己的卫星地图引擎系统。

工程师小蔡知道这个消息，觉得很兴奋。那时，百度最大的竞争对手Google在美国刚刚推出“Google Earth”没多久，其使用的也正是这家卫星图像供应商提供的卫星图像。Google Earth是该年度全球最“酷”的产品之一，受到无数专业粉丝的追捧。

从技术的角度来看，有了供应商提供的高质量卫星图像原始资料，开发一个类似“Google Earth”的卫星地图引擎系统并不复杂。小蔡连夜趴在电脑键盘上奋指急击，给Robin写了一封长长的电子邮件，希望公司尽快跟美国卫星图像公司签署相关合作协议，尽快上马该项目。

Robin也立刻给他回复邮件了。但是，出乎小蔡的意料，Robin并没有同意他的建议，Robin在邮件中写道：卫星地图引擎虽然很酷，但其实人们只是觉得新鲜，新鲜劲一过，大家用的就很少了。我们不会仅为吸引眼球开发什么炫酷的产品或技术。我们更多的是关注用户在找什么类型的信息，以及百度的产品和服务能否满足他们的需求。百度与别的公司不一样的关键地方，在于百度的技术开发理念是listen to the users，listen to the market，况且开发卫星地图引擎对百度技术实力的提升也没有什么帮助。”

Robin经常说，百度永远鼓励创新，但创新一定要基于用户的需求，有切切实实大规模的用户需求，你就做，只是满足一小部分用户的需求，创新的意义就不是很大。发展到后来，在百度PM中有一条不成文的规定，你有多高的技术，多专业的出身不重要，重要的在于你是不是用户肚子里的蛔虫，能清楚知道用户的需求是什么。

“用户需求决定一切”，这是Robin亲自为百度定下的最高行动纲领。

■ 被毙了的产品建议

那是CTO李一男刚到百度的第三天。

当时，公司计划给高管每人配一部黑莓手机，以方便收发邮件。有的部门立即提出，可以将刚刚推出的百度即时通讯工具百度Hi植入黑莓手机，以使百度Hi获得更广泛的应用。

对于这个意见，李一男立即表达了这样的看法：

黑莓手机做Hi肯定是没有必要的，因为在中国黑莓手机没有成规模的市场，至于是否做Hi的手机版本，以目前Hi在线使用量的情况以及我们对Hi的目标（作为连接空间、C2C等业务的纽带）来说，没有看到需要做手机版本的目标驱动市场，当然具体的决策如果大家觉得需要的话，可以提交产品业务讨论会来进行探讨。

他的建议当即被采纳了。给用户带来价值是最重要的衡量标准。

时刻挂念用户需求，不仅会让你赢得市场，也会让你赢得整个公司的凝聚力。以用户需求决定一切，并决胜市场的例子并不罕见：丰田把花冠卖给初次购车者，把佳美卖给中产人群，并用雷克萨斯吸引高收入者；美国最大的零售企业西尔斯百货公司为全部打过交道的顾客建立其包含6万多个家庭的“西尔斯家庭档案”，他们根据不同家庭的收入状况和购买习惯，设计了有针对性的日用品消费方案，使得日用品销量猛增三倍；美国最大的房地产开发商普尔特则从1956年创建时起就以顾客需求为主导。他们研究了超过50万名顾客的相关数据，将顾客按照生命阶段和收入水平分成11个类群，提供他们最青睐的住宅产品，这家世界地产企业的标杆在50多年间不仅每年盈利，而且营收增长始终保持在20%以上。

显然，以用户需求为主导，是普尔特“抗周期”的秘诀。而在一家公司内部，让用户需求决定一切的精神还会缔造一支卓越的团队。其实，公司内的每一名员工都是其他员工的顾客；公司内的每个部门，也都是其他部门的顾客；而所有的员工和部门，又都是企业领导者的顾客。如果把用户需求至上的精神引入公司内部，使之成为企业文化的内核，公司的团队也将无往不胜。End

27

听多数人的意见，和少数人商量，**自己做决定**

决策是一个先民主后集中的过程——理越辩越明，一定要听取最广泛的意见，包括公司内外的一切专家与相关人士，然后与做这件事的核心人员商量，但最终的决定只能自己来做。是所谓谁负责，谁做主。

2006年的一天中午，Robin约任旭阳一起吃午饭，其间说到百度当时的形势与未来的方向，谈到了国际化时机将要成熟时，Robin忽然问："你觉得我们现在进军日本如何？"

任旭阳一愣，但听完Robin分析，他知道，这件事，Robin已经深思熟虑了，而这些论据和推理也都成立，心下里颇为认同，但还是问了一句，"这将是百度有史以来最大的投资项目，怎么能保证决策的正确呢？"

Robin说，“这件事要分成三步走。听到的意见越广泛，前期的调研越充分，就离正确决策越近。”所以第一步，就是在6月，Robin和任旭阳一起到日本进行考察，连续拜访了多家日本互联网公司，请教了七八家有成功国际化经验的中国企业。

回国后，旭阳马不停蹄地整理了调研结果给Robin，非常欣喜地说：“这些调研确实证明了你的推断，出兵日本是百度国际化第一步的最佳落点。”Robin告诉任旭阳，“现在可以走第二步了，咱们分头与公司相关的重要人员商量一下。”

公司内首先成立了由技术、产品部门抽调来的骨干组成的日本项目小组，在小组的讨论中，很多人心存疑虑：“百度不是更懂中文吗，为什么要进军日本呢？”Robin给大家分析了未来五年的形势，并提出了2012年划洋而治的计划，任旭阳则将前期考察走访的情况给大家做了概述，然后引导大家一起讨论进军日本的步骤和细节。

与此同时，Robin与任旭阳已经找到了首席代表的人选——陈海腾。

一天，Robin发邮件给任旭阳问：“百度进军日本的计划你觉得何时可以正式启动？”

任旭阳有些担心地来找Robin问：“内部意见对于进军日本似乎还存在分歧，怎么办？”

Robin没有回答，而是反问道：“前期听取各方意见后，你的判断是什么？”

旭阳迅速说：“现在正是走出国际化这一步的最佳时机，虽然一定会面临不少的难题，但日本肯定是最合适的第一落点。”

Robin点点头：“我同意你的看法，听了多数人的意见，与少数人商量之后，决定还是要自己来做，因为你才是掌握情况最全面的人。”

旭阳如释重负地笑了：“好，我们就在这个月开始启动吧。”

7月的总监会上，Robin宣布了进军日本的计划。年底，百度在日本的办事处便开张了，虽然采取一贯的循序渐进策略，只派了一名首席代表负责前期准备——在日本寻找办公地点和人才，但开弓没有回头箭，日本市场从此成为百度全球化战略打下的第一根桩。

■ 客户端的开会秘笈

一场激烈的讨论过后，会议室里涌出了多位客户端软件部的同学，彼此还在讨论着什么。

原来，随着Hi进入紧锣密鼓的开发阶段，PM和RD（技术人员）的争执越来越不可避免。

这一次，技术工程师小羽在工作中发现了原来的产品设计不尽合理，于是向大家提出重新审核这个设计。PM和RD为了评估这个需求，九个人争论了近三个小时，结果彼此谁也没法说服谁。

小羽有点儿过意不去，“我们这样一讨论，其实花的是二十七个小时——每个人三小时嘛——就为了一个问题，似乎也太不值得了吧。”

RD团队的leader也主动检讨说：“这样的讨论，虽然大家都有机会表达意见，但是意见越多分歧也越多。我觉得，既然这是关于产品需求的问题，就应该让PM做决定。就像有关设计的问题，应该让设计人员做决定；要是有关技术的问题，就由我们做决定。”

“Robin说过一句话，‘听多数人的意见，和少数人商量，自己做决定’，”总监王啸得知这个情况后说，“记住这一条，这样的问题就迎刃而解了。”

不久，客户端软件部订立了三条特别针对棘手问题的开会准则：

第一，遇到难统一意见的问题，可以先期在底下更广泛地征集意见，然后再小范围开会讨论。

第二，如果在20分钟的讨论里，彼此不能达成共识，那就不要争了，会下分头聊。因为分歧其实一般只在一两个人之间发生。

第三，即便最终还有分歧，请项目的第一负责人自己来拍板。

渐渐的，这个秘笈被很多部门学了去，大家发现，会议的效率悄然提高了。

“听多数人的意见，和少数人商量，自己做决定”，这句话可以说是众多成功企业家英雄所见略同的一种表达。在百度上搜索一下，可以看到很多企业家说过相似的话，为什么呢？因为他们采用一言堂的决策方式，通常效率极高，但有可能犯下不可逆转的错误，而且使团队缺乏激情与创造力，让优秀的人才无用武之地；可如果采用充分“民主”的方式，又让话题永远陷在争论环节，迟迟拿不出结论，从而大大降低效率。怎么办？百度的做法中显露出东西方企业智慧的结晶：听多数人的意见，是民主；和少数人商量，是为了快速获得做出判断的依据；自己做决定，是民主基础上的“集中”。End

28

帮助别人，**成就自己**

百度对这个社会最大的价值就是帮助人们最便捷地找到所求。这些人不仅包括我们的用户，也包括我们的客户，以及我们客户的客户。正是在不断帮助别人的过程中，百度逐渐发展壮大起来。

2002年大年三十晚上，外面鞭炮噼啪作响，家里人一遍又一遍催着“快回来吃年夜饭了”，但是商业产品部负责人王湛的心思全然不在年夜饭上，他找了一个安静的角落，不停地讲着电话。

电话是打给Robin的。原来，王湛刚接到了一个百度推广的客户小刘电话，小刘是做鲜花生意的，他在百度投放了800元的广告费购买“鲜花”关键词，才不到两小时，就显示全花完了。要知道，这些费用，原来都够一天的推广了。正在春节鲜花热销期间出现这种情况，小刘非常着急，连忙打电话过来询问究竟怎么回事。

根据经验，王湛判断这很可能是由于该客户竞争对手的恶意点击造成的，但时值春节，工程师基本都已经放假回家，一时没法从技术方面追根溯源。但是客户的问题又一刻也不能耽误，于是王湛马上拨通了Robin的电话。

“今年情人节与春节挨得特别近，鲜花的搜索量目前确实很大，但目前的关键词点击消费量确实有点儿高得离谱。”王湛急切地说。

“搜索引擎本就是帮别人做成生意的，帮到了别人才能成就我们自己。我们要首先把人家的损失补回来，前面的点击都不要计费了。”Robin当机立断，“如果客户愿意续费，他每续100元，我们就给他账面充400元，保证他的推广预算维持在往常合理的水准上。”

很显然，Robin建议的措施远远超出了客户的期望，客户非常满意。节后，Robin和王湛一回北京，就马上组织工程师查明了问题。

■ 培养自己成为“盲人”

这几天，北京分公司的陈义整天捧着一本书：《陈燕耳边的世界》。这书的作者，盲人陈燕，是他的一个新客户。

陈燕，全国第一家钢琴调律公司的创办人，一位著名的盲人钢琴调律师。残疾人创业，难度可想而知。如何帮助他们拓展业务？北京客户发展部H3团队的陈义主动找到了陈燕，因为他相信，百度推广可以帮到她。

面对这位特殊的客户，对销售驾轻就熟的陈义，也不免打鼓。怎么办？先自己成为“盲人”吧。

为此，他特地买了陈燕的书，既了解“调律”，更进入盲人的世界。他还通过百度，找到不少盲人社区，了解同盲人沟通的知识技巧。陈义还特意把平时通过电脑屏幕演示的业务特点说明，重新梳理成一套盲人能够“看”（听）懂的，更形象、更生动的描述性文字。

通过几天的突击，陈义认为他已经是一个可以看见光明的“盲人”了。经过与陈燕的多次沟通，陈义终于设计出一套行之有效的推广方案。他亲自来到陈燕的家，把推广计划一点点讲给陈燕听。本来只需演示半个小时的PPT，他耐心地给陈燕讲了几个小时，陈燕边听边点头，很快便签了单。

推广上线后不到一个礼拜，陈义的电话又响了，是陈燕。陈义马上关切地问：“是不是在百度推广上遇到什么问题了？”

电话那头传来陈燕爽朗的声音：“没有问题，我是特意打来电话告诉你，上线几天来，推广效果非常好，我接到了很多咨询电话，已经有了好几份订单，真是太感谢你和百度对我的帮助了！”

早先，人们相信公司的使命是为股东创造价值，而今天，人们认为企业应该关注所有利益相关者。这些利益相关者包括股东、客户、员工、社区、环境等多个主体。帮助这些不同的利益相关者实现利益最大化，公司本身才能真正实现利益最大化。眼下，绝大部分中国企业还没有意识到的是，企业发展的最终使命，是从对股东而言有价值的公司，变为能改变人类生活和社会形态的公司。百度立志要成为一家能够改变人类生活的公司，所以他们自然而然地会走“帮助别人，成就自己”之路。End

29 公司离破产永远只有30天

无论一个公司取得多么大的成功，都别放下危机意识——哪怕片刻。所以，请记住，最好永远把自己当做一家胸怀远大理想的小公司。

虽然不做内刊的主编已经有很多年了，但麦子还是忘不了自己拿着2006年下半年那期内刊《简单》的小样去请Robin撰写卷首语时的一幕。

“现在，谈宏图大志不如做一下反思。”说出这句话的Robin似乎盯着他看，但眼神却已经穿过他看到了很远处的什么。那声音不响，却不像在回答他，当然也不是责备或反驳，是一字一顿慢慢出来的。

这是2006年的一个冬夜，麦子敲开Robin的办公室。例行公事地说：“这一期内容大多是关于第一届百度世界大会的，建议您可以写写百度未来的‘宏图大志’。”

没想到，Robin给出的竟是这么一句回答。

“自从上市归来，公司里渐渐出现骄傲和松懈的苗头， 以及但求无过的工作态度， 这其实令我很担忧。”Robin对麦子说。

麦子清楚地记得，Robin的邮件是当天晚上11点多发过来的，标题是《百度离破产永远只有30天》。这让他吃了一惊，文章中写道：

“当我们愉快地享受着宽松文化和股价高企给每个人多多少少骄傲的同时，我们不要忘了，百度离破产永远不到30天！

我们处在一个全球化的时代，我们处在变化最莫测的行业，技术的变革、资本的无情流动、消费者面对越发多元化选择时的不稳定，都让我们这家年轻的公司终日乾乾，如履薄冰。

坦白说，相较这段时间诸多事件引发的对百度品牌损失的担忧，我们更担忧的是在百度上市一周年以来，在公司里的某种骄傲和松懈的苗头，某种以为可以像在‘资本主义国企’的那些国际公司里的但求无过的情绪在滋生，这些才是我们更加深重的忧虑。

……

我们必须时刻提醒自己，身处这样一个不确定的年代，我们仍然是一家心中有着远大理想的——小公司。我们要投入全部的精力在提升我们的核心技术，创造出具有更好用户体验的产品！我们要比别人更快地行动，我们要杜绝一切形态的浪费，才有可能生存下来。

……

我们希望每个人都有一个铁饭碗，但那不是在一个地方永远吃饭的碗，而是终身都能找到饭吃的能力之碗！

百度永远离破产只有30天，让我们更坚强、更勇敢地共同战斗，让那一天永远不要来，这样才能让我们老去的时候仍能对孩子们说：‘有问题，百度一下’。”

看到这里，他明白了Robin的忧虑，自从上市后，大家眼里的Robin似乎只是与亿万富豪划了等号，而忘了他仍然是一位心怀远大志向的创业者和工程师。

“这篇文章写得太棒了，他显然是一气呵成的。”麦子第二天对负责印刷的同事说，“加印一些吧，这期一定会‘洛阳纸贵’。”

这篇文章至今仍广为各种管理类网站所转载。

■ 76%与0.02%

百度占据着中国搜索引擎市场76%以上的市场份额，但这一数字是否表明百度的搜索已经独步天下、高枕无忧了呢？

2009年9月，在一次内部培训上，首席产品架构师孙云丰却再次谈起Robin三年前的一句话——“百度离破产永远只有30天”，他深有感触地说：“不要以为百度在搜索市场取得了老大地位，就可以稳坐江山，我们每一天、每一个小时都面临着极大的挑战，要求我们不停步地努力。表面上平静的搜索框下，实则没有一刻不是刀光剑影。”

他提醒大家，仅就网页搜索技术本身而言，百度与竞争对手的差距，并不是很大。正是百度每天不间断地提升用户体验，才保持了微弱的优势。“因为搜索引擎的转化门槛几乎是零，一招落后，用户就有可能离你而去。”

孙云丰向大家透露，百度的网页搜索技术部门，聚集了中国最懂搜索技术的数千位工程师，每天都有30多项技术升级上线，搜索质量每天都会有0.02%的提升——这个数字看上去很小，但是在现有的基数上，哪怕提高0.01%，也越发困难。一个季度下来，百度的网页搜索质量能提升多少呢？2%。又是个看上去不起眼的数字，但是历史经验证明，如果双方的搜索质量差距达到2%，那落后者的市场份便会刷刷地往下掉。

所以说，Robin的话真的不是危言耸听啊。

日本东京证券交易所董事长、曾任东芝社长的西室泰三说：“危机感是公司的财富。”海尔CEO张瑞敏的办公室墙上挂着“永远战战兢兢，永远如履薄冰”的一幅字。比尔·盖茨则说：“微软离破产只有18个月。”但李彦宏给出的周期更短：30天。保持适度的危机感，除去“生于忧患，死于安乐”的智慧外，还有利于企业顺畅渡过每个生命周期。研究表明，当人们意识到某事的成功概率约为50%时，为取得成功而发挥的潜能会达到最高峰。当企业渡过初创期、快速成长期而渐进巅峰时，企业生命周期曲线会变得平缓并逐渐走向下坡，而危机感则有助于企业对潜在的风险及时作出反应，顺畅地进入下一个快速成长期。End

百度十年千倍的29条法则

- 人一定要做自己喜欢并擅长的事情
- 认准了，就去做；不跟风，不动摇
- 专注如一
- 把事情做到极致
- 少许诺　多兑现
- 让数据说话
- 问题驱动
- 不唯上
- 对事不对人
- 创新求变
- 允许试错
- 迅速迭代，越变越美
- 保持学习心态
- 遇到新事物，先看看别人是怎么干的
- 高效率执行

图书在版编目（CIP）数据

壹百度：百度十年千倍的29条法则 / 朱光主编.—南京：江苏文艺出版社，2009.11
ISBN 978-7-5399-2870-8

Ⅰ.壹… Ⅱ.朱.. Ⅲ.网络企业—企业管理—研究—中国 Ⅳ.F279.244.4

中国版本图书馆CIP数据核字（2009）第215798号

壹百度：百度十年千倍的29条法则

主　　编：朱　光
责任编辑：刘　霁
特约编辑：伍　志
装帧设计：利　锐
插　　图：许　宁
出版发行：凤凰出版传媒集团
江苏文艺出版社　http://www.jswenyi.com
集团网址：凤凰出版传媒网　http://www.ppm.cn
排版印刷：北京京都六环印刷厂
经　　销：新华书店
开　　本：787×1092　1/32
字　　数：60千字
印　　张：6
版　　次：2010年1月第1版，2010年2月第3次印刷
书　　号：ISBN 978-7-5399-2870-8
定　　价：23.80元
（江苏文艺版图书凡印刷、装订错误可随时向承印厂调换）